TÁCTICAS DE CONVERSACIÓN PARA PRINCIPIANTES PARA AGRADAR, DISCUTIR Y DEFENDERSE

CÓMO INICIAR UNA CONVERSACIÓN, AGRADAR, ARGUMENTAR Y DEFENDERSE

STEVE ALLEN

Edición 1.0 – Febrero, 2017

Publicado por Editorial Hexagonum

ÍNDICE

INTRODUCCIÓN

Me gustaría comenzar preguntando ¿A cuántas personas has eliminado de Facebook porque dijeron algo ofensivo sobre política, religión, cuidado infantil, o incluso comida? ¿A cuántas personas que conoces evitas sencillamente porque no quieres hablar con ellas?

En algún momento de mi vida, cuando quería tener una conversación cortés solía seguir el consejo de Henry Higgins en "My Fair Lady", que decía enfócate en el clima y en la salud. Sin embargo, en el mundo en el que vivimos, donde cada conversación puede derivar en una discusión, donde los políticos no pueden hablarse entre sí, e incluso el más trivial de los temas nos puede tener debatiéndonos intensamente a favor o en contra, ese consejo bordea lo risible.

Pew Research realizó un estudio en 10.000 personas adultas en EE.UU. y descubrió que en la actualidad estamos más polarizados y divididos que en cualquier otro momento de la historia. Somos menos propensos a conectar, lo que significa que no escuchamos al resto y tomamos decisiones sobre donde vivir, con quién vivir y quienes serán nuestros amigos basados en lo que ya creemos. Nuevamente, esto significa que no escuchamos al resto.

Una conversación requiere un equilibrio entre hablar y escuchar, y en algún lugar de la historia perdimos ese equilibrio. Hoy en día parte de la perdida de equilibrio se debe a la tecnología. Según Pew Research, el 35% de los jóvenes envían más de 100 mensajes al día para comunicarse con sus amigos, lo que gradualmente ha ido reemplazando las conversaciones personales.

El profesor Paul Barnwell escribió un interesante artículo sobre la observación de sus estudiantes y dijo lo siguiente: "Me di cuenta de que la competencia verbal puede ser la única capacidad más ignorada que fracasamos en enseñar. Los chicos pasan horas relacionándose entre sí a través de pantallas, pero raramente tienen una oportunidad para afinar sus habilidades de comunicación interpersonal. Puede parecer una pregunta tonta, pero ¿Hay alguna capacidad en el siglo XXI más importante que poder sostener una conversación coherente y firme?".

Pasaremos las siguientes páginas de este libro aprendiendo cómo hablar y cómo escuchar. Seguramente ya habrás escuchado varios consejos para mantener una conversación, cosas como mirar a la gente a los ojos, pensar anticipadamente en temas interesantes para discutir, asentir y sonreír para mostrar que prestas atención, repetir lo escuchado, etc. En este libro iremos un poco más allá con consejos más útiles y utilizables para mantener una conversación sincera. No hay ningún motivo para aprender a mostrar que estás prestando atención si de hecho estas prestando atención. ¿Entiendes a qué me refiero?

Yo uso las mismas habilidades para entrevistar a personas profesionalmente y en mis conversaciones diarias. Es por eso, que en este libro básicamente te enseñaré a entrevistar a la gente y en realidad eso te ayudará a aprender a ser mejor conversando. Aprenderás a tener una conversación sin desperdiciar tu tiempo, sin aburrirte y sin ofender a nadie.

Todos hemos tenido grandes conversaciones en algún

momento y sabemos cómo son. Ese tipo de conversación de la que te marchas sintiéndote involucrado e inspirado, o donde sientes que has hecho una conexión real o que has entendido perfectamente. No hay ninguna razón para que la mayoría de tus interacciones no puedan ser así.

El libro ha sido escrito con el objetivo de que pueda sea leído en orden que desees, por ejemplo, al final del libro encontrarás un breve resumen de los 11 trucos sucios para persuadir, manipular y ganar una conversación, y si quieres ahora mismo puedes avanzar directamente a esa sección para echar un vistazo, pero considero que sacarás mayor provecho de este libro si lo lees en orden.

CAPÍTULO 1
CONSEJOS PARA MANTENER UNA CONVERSACIÓN Y AGRADAR

Soy una persona curiosa por naturaleza, lo que significa que durante una conversación me gusta centrarme en las otras personas y aprender todo lo que pueda acerca de sus motivaciones e intenciones más profundas, aunque no siempre fue así.

La ocasión que cambió mi forma de ver las conversaciones tuvo lugar hace unos años y fue muy reveladora. Una amiga acababa de regresar de lo que posteriormente me describió como un viaje que cambió su vida. Viajó por todo el Medio Oriente durante 60 días. Ella experimentó las diferentes formas en que eran tratadas las mujeres, y vio de primera mano la desgarradora diferencia entre las personas ricas y pobres, a menudo en la misma calle.

Se podría pensar que cualquiera estaría fascinado al oír sobre sus experiencias y nuevos conocimientos, pero yo acababa de conseguir un nuevo trabajo y estaba inundado de un sentido de auto importancia y auto descubrimiento.

Así que cuando un día nos encontramos para cenar, no hice muchas preguntas sobre su viaje. Me contó un par de historias, pero la mayor parte del tiempo yo seguía llevando la conversación hacia mi nuevo trabajo y cómo estaba afectando mi vida. Mientras más compartía acerca de mí mismo, mejor me sentía, pero su estado de ánimo se hacía cada vez más hosco y retraído.

Esto me llevó a descubrir que cada conversación, incluso entre amigos cercanos, tiene un espacio de aire limitado. Yo había contaminado el espacio de aire con declaraciones e historias sobre mí, lo que le impidió a ella ser capaz de hacer lo mismo.

En contraste a mí, la conversación hizo que mi amiga se sintiera insatisfecha y un poco molesta, a tal punto que ya no quiso compartir sus experiencias conmigo.

Debido a esta situación e impulsado por la curiosidad, he logrado mejorar mis habilidades de conversación y he visto que me conecto mucho mejor con los demás.

Este es un libro para aprender a ganar amigos y ser excelente en situaciones sociales. Se centra en tácticas y técnicas para ser más carismático, encantador y más ingenioso, lo que sin duda te permitirá hacer frente a cualquier reunión social sin esfuerzo.

9 Principios para tener mejores conversaciones

Para comenzar, veremos los 9 principios básicos para tener mejores conversaciones. Debes ponerlos en práctica, pero honestamente, si sólo elijes uno de ellos y lo dominas, ya serás capaz de disfrutar de mejores conversaciones prácticamente al instante.

1. No seas multitarea

No sólo me refiero a que dejes tu teléfono celular, o las llaves del auto, o lo que sea que tengas en las manos. Me refiero a que debes estar presente. Debes estar en "ese" momento. No pienses en la discusión que tuviste con tu jefe, no pienses en lo que vas a comer para cenar. Si deseas salir de la conversación, entonces abandona la conversación, pero no estés mitad presente y mitad ausente.

2. No seas dogmático

Si deseas establecer tu opinión sin dar oportunidad de réplica, discusión, aportación o crecimiento, entonces escribe un blog. Hay una buena razón por la que no gustan los sabiondos: porque son aburridos. Si son conservadores odiarán al aborto, si son liberales odiarán a los bancos y a las empresas petroleras. Son totalmente predecibles, y tú no quieres ser así. Debes iniciar cada conversación suponiendo que tienes algo que aprender. El afamado terapeuta M. Scott Peck dijo que la escucha sincera requiere que uno mismo se ponga a un lado, y a veces eso significa dejar de lado las opiniones personales.

Asume que tienes algo que aprender. Como dijo Bill Nye: "Cada persona que llegues a conocer, sabrá algo que tú no sabes".

3. Usa preguntas abiertas

Observa a los periodistas. Inician sus preguntas con quién, qué, cuándo, dónde, por qué o cómo.

Si haces una pregunta simple, obtendrás una respuesta simple. Si pregunto "¿Te asustaste?" responderás a la palabra más poderosa en esa oración, que es "asustarse", y solo dirás "Si, me asusté".

"¿Estabas molesto?", "Si, lo estaba".

Deja que las personas describan lo que saben y sienten. Intenta hacer preguntas como "¿Cómo fue eso?", "¿Qué sentiste?". Te aseguro que obtendrás respuestas mucho más interesantes.

4. Sigue el ritmo

Esto significa que vendrán pensamientos a tu mente, y necesitas permitirles salir de tu mente. A menudo hemos escuchado entrevistas en las que un invitado está hablando por minutos, y luego el presentador vuelve y hace una pregunta que parece no tener relación con el tema que se está hablando o que ya ha sido contestada. Es probable que el entrevistador haya dejado de escuchar hace dos minutos, porque estaba pensando en esa pregunta realmente ingeniosa, y estaba determinado a decirla.

Nosotros hacemos exactamente lo mismo. Estamos sentados conversando con alguien, y recordamos la vez que vimos a un artista famoso en una cafetería, y dejamos de escuchar. Vendrán historias e ideas a tu cabeza y debes dejarlas.

5. No equipares tus experiencias con las de la gente

Si alguien habla sobre la pérdida de un familiar, no empieces a hablar de la vez que tú perdiste un familiar. Si hablan de problemas laborales, no comiences a contar cuanto odias tu empleo. No es lo mismo. Nunca es lo mismo. Todas las experiencias son individuales. Y lo más importante, no es sobre ti. No necesitas usar ese momento para demostrar lo sorprendente que eres o cuánto has sufrido.

6. No seas repetitivo

SER REPETITIVO ES SER CONDESCENDIENTE, y es en verdad aburrido. Lamentablemente tendemos a hacerlo mucho, especialmente en conversaciones de trabajo o con nuestros hijos. Cuando tenemos una idea la seguimos parafraseando una y otra vez. No hagas esto.

7. Evita los detalles

Francamente la gente no está interesada en los años, los nombres, las fechas y todos esos detalles que luchas por traer a tu mente. A la gente no le importa los detalles, le importas tú, le importa cómo eres y lo que tienen en común. Así que olvida los detalles.

8. Escucha

Este es el consejo más importante. No intentaré decir cuántas personas importantes han dicho que escuchar sea tal vez la capacidad más importante que un ser humano podría desarrollar. Buda dijo "Si tu boca está abierta, no estás aprendiendo", y Calvin Coolidge dijo "Nadie ha sido despedido por escuchar demasiado".

¿Por qué no nos escuchamos? Principalmente porque preferimos hablar. Pensamos que cuando hablo estoy en control, no tengo que escuchar lo que no me interesa, soy el centro de atención, puedo reafirmar mi propia identidad, etc. Pero hay otra razón: porque nos distraemos. La persona promedio habla unas 225 palabras por minuto, pero podemos escuchar hasta 500 palabras por minuto, así que nuestras mentes están llenando el cupo para esas otras 275 palabras. Realmente se requiere de esfuerzo y energía para prestar atención a alguien, pero si no puedes hacerlo, entonces no estás en una conversación. Sólo serán dos personas en el mismo lugar diciendo oraciones apenas relacionadas.

Stephen Covey dijo "Muchos de nosotros no escuchamos con la intención de entender, escuchamos con la intención de responder". Aprende a escuchar.

9. Se breve

"Una buena conversación es como una minifalda, tiene que ser lo suficientemente corta para llamar la atención, pero también lo suficientemente larga para cubrir el tema." Todo se reduce al mismo concepto básico, y es este: Interésate en la otra persona.

A continuación veremos técnicas muy útiles para mantener el flujo de una conversación.

Cómo recibir los cumplidos con gracia

Usamos cumplidos casi a diario, pero ¿Por qué exactamente los damos? Los cumplidos están destinados a hacer que la gente se sienta mejor, lo que crea comodidad y simpatía.

Si alguien tiene un nuevo corte de pelo, un cumplido será como una inyección a su autoestima, se sentirá mejor sobre sí mismo, y tendrá mejores sentimientos hacia ti. Los cumplidos son egoístas hasta cierto punto.

Pero en la práctica, aceptar y recibir cumplidos no es un proceso fácil. Piensa en el último cumplido que diste o recibiste. ¿Qué pasó después de que fue dado?

Las personas a menudo no saben cómo manejar los cumplidos y llegan a sentirse incómodas cuando los enfrentan. Vivimos en sociedades que son muy pasivas y de bajo perfil, por lo que esto no es una sorpresa.

Probablemente la respuesta fue alguna de las siguientes:
- **Falsa modestia:** *"Oh, ¿Mis músculos? Acabo de empezar a ir al gimnasio y al parecer está funcionando".*
- **Torpe tartamudez:** *"Um... ¿Te refieres a mis bíceps? Gracias... Supongo... Um ...".*
- **Negación rotunda:** *"¿De qué estás hablando? Soy gordo, feo y no estoy en forma. Estás ciega".*
- **Evocación de una profunda inseguridad:** *"¿Estoy en forma? No sé, yo solía ser el niño gordo y nunca me he visto realmente atractivo o merecedor de nadie..."*

- **Reconocimiento directo:** *"Oh, gracias!... ¿En qué estábamos?"*

Cada tipo de respuesta tiene sus implicaciones negativas. Sólo el último ejemplo no descarrila la conversación, pero de igual forma hace que ambas partes se sientan extrañas al ser positivas.

Como puedes ver, los elogios o cumplidos pueden detener completamente una conversación y hacer que la gente se aleje en lugar de seguir hablando. Las razones de esto son varias, pero en algunos casos la gente ni siquiera es capaz de reconocer que lo que la otra persona dijo fue un cumplido.

"¿Estaban siendo sarcásticos? ¿Están felicitándome por algo que no me importa? ¿Por qué dijeron eso?"

Ese es el resultado de una sociedad sarcástica, por lo que no es sorprendente que ocurran momentos incómodos. Las personas conversan entre sí por un número muy pequeño de razones: por entretenimiento, por información, o por placer. La falta de capacidad para tomar un cumplido puede destruir fácilmente cualquiera de estos 3 propósitos.

Entonces, ¿Cómo tomar un cumplido con gracia y mantener el flujo de una conversación?

Elogiar el cumplido

Cuando alguien te haga un cumplido, cree en él. Cree que es genuino y que la persona no está tratando de socavarte, ser sarcástico, o simplemente ser malicioso. Deja ese análisis innecesario, porque afectará tu capacidad de recibir el elogio de una manera genuina y saludable. Pero ¿Cómo puedes aceptar el elogio con gracia? Simplemente haciendo otro cumplido.

- Steve, tu corte de pelo te hace parecer un modelo de Benetton.
- ¡Dios mío, eres una halagadora hija del sol!

- Steve, jugaste muy bien ese partido.

- Sofía, eres una chica divertida y el último punto fue para ti!

- Steve, esos son unos zapatos encantadores.

- Michelle, observadora es tu segundo nombre!

- Steve, tienes el cuerpo de un adonis moderno.

- Victoria, tus comparaciones son lo mejor de mi semana.

Elogiar el cumplido te permite evitar todas las implicaciones negativas y suposiciones que la gente experimenta al recibir un cumplido. Por ejemplo, si estuviera de acuerdo en que mi corte de pelo me hace ver guapo como James Dean, sería un poco arrogante, ¿no? Por otro lado, si lo negara, sería un poco frustrante para quién realiza el cumplido. Y así. De esta forma, al elogiar el cumplido evitas todas las trampas que atascan la conversación.

Al elogiar el cumplido aceptas el cumplido inicial, de modo que la persona se siente validada, y al mismo tiempo no tienes que ocuparte de conversar sobre ello, lo que a menudo es la parte incómoda.

Este truco también inyecta otro elemento positivo en la conversación. En lugar del malestar potencial y la negatividad, compartes el centro de atención y conviertes un simple cumplido en una situación de ganar-ganar.

Capitalizar los puntos altos de la conversación

En cualquier conversación hay un punto alto. Imagina la rutina de un comediante. El comediante comienza y termina la rutina con sus mejores chistes. Esos chistes (conversación) son lo que llamamos puntos altos debido a lo bien que los recibe la gente. En general, los puntos altos tienen un impacto emocional y son la parte más memorable de la conversación.

Las conversaciones fluctúan por naturaleza y el nivel de energía en una conversación no permanece fijo y estático, sino que se comporta como las ondas sonoras, con altos y bajos inevitables. Muchas personas desconocen este hecho, lo que conduce a la confusión cuando la energía disminuye naturalmente. Eventualmente la conversación se aplana y ambos pierden interés.

Si quieres dominar el arte de la conversación, tienes que utilizar este factor oscilante a tu favor y utilizar los puntos altos que creas para recuperar la conversación.

Identificar puntos altos

¿Cómo puedes saber cuál es el punto alto de una conversación? La respuesta está en los momentos en que se evoca una reacción fuerte de cualquier tipo. Ese es el punto alto de una conversación.

Ese momento puede tomar muchas formas diferentes, pero en cualquier caso, existe una fuerte conexión mental:
- Pueden compartir una gran carcajada.
- Se emocionan y lloran.
- Pueden compartir una perspectiva polémica sobre un tema.
- Son testigos de algo horrendo o hilarante.
- Terminan las frases del otro.
- Crean una broma interna.
- Ambos luchan para no reírse cuando observan algo.

Llama al punto más alto de la conversación

Ahora que has identificado el punto alto emocional que se alcanzó en la conversación, no dejes que se pierda. Toma nota de este momento y guárdalo en tu bolsillo para usarlo en un futuro muy cercano

Esta es una táctica utilizada por casi todos los comediantes de stand-up. Sólo debes referirte a este momento en el contexto de tu tema actual.

Por ejemplo, imagina que estabas hablando sobre tu tipo favorito de perro e identificaste un punto alto al compararte con un perro Bulldog, porque en ese momento fue divertido. Ahora el tema actual de la conversación es estilo de vestir y diferentes tipos de chaquetas. ¿Cómo usarías ese punto alto para referirlo en el contexto de chaquetas?

"Sí, pero por desgracia no puedo usar ese tipo de chaquetas porque recuerda que soy más parecido a un perro Bulldog que a un modelo".

Tan simple como eso. De esta forma puedes capitalizar el punto alto que experimentaron antes. ¿Cómo funciona esto a tu favor? Bueno, cuando te refieres a ese punto posteriormente en la conversación, envías un mensaje de que has prestado atención. Crearás la sensación de que eres una persona extremadamente atenta, observadora, e incluso inteligente. Estás tomando prestadas las emociones experimentadas y convocándolas en un punto de la conversación que tiene menor energía.

Repite

Recuerda que estás tratando de evitar que la conversación se extinga. Ese es tu objetivo. Cuando sigues refiriéndote a ese punto alto, pero en diferentes contextos y diferentes enfoques, estás despertando la urgencia emocional en la persona con la que estás hablando. Si lo haces bien, el nivel de energía general de la conversación puede permanecer relativamente constante. Esta es una de las maneras más efectivas de mantener la conversación en un nivel de interés alto.

En la mente de la persona con la que estás hablando, la conversación nunca se apaga. Esto la lleva a percibirte como una persona interesante e inteligente. Lo que acabas de hacer fue identificar un punto alto y reciclarlo constantemente. Por supuesto, al igual que con cualquier otra técnica, no debes ser tan obvio.

Si realmente deseas convertirte en un buen conversador, necesitas dominar el flujo de la conversación y usarlo a tu favor.

La interrupción es tu arma secreta

La mayoría de los consejos sobre interrelaciones dirán que nunca debes interrumpir a los demás, que la interrupción es un gesto grosero y deja una mala impresión en las otras personas, que es egoísta y viola la regla de oro de la conversación, que es dejar que otros hablen de sí mismos "ad nauseam".

Estoy de acuerdo... hay algo de verdad en eso. Si interrumpes constantemente y no dejas que la gente diga lo que quiere decir, con el tiempo empezarán a verte como una persona egoísta. Sin embargo, cuando interrumpes ingeniosamente el resultado es radicalmente distinto.

Cuando hablas con alguien ocurren varios niveles de comunicación simultáneamente. Las personas pueden sentirse bien conscientemente, pero subconscientemente tienen una sensación negativa si son interrumpidos constantemente.

Entonces, ¿Cómo interrumpir ingeniosamente, y evitar los sentimientos negativos asociados con las interrupciones?

Interrumpir para estar de acuerdo

Tal como dice el subtítulo, sólo interrumpes para estar de acuerdo. Interrumpes porque de hecho estás tan entusiasmado con lo que la persona está diciendo, que no puedes evitarlo.

Del mismo modo, interrumpes para completar la oración de la persona, e interrumpes para demostrar que estás emocionalmente presente. Veamos un par de ejemplos.

Yo estaba en Grecia y me encantó cuando... [Interrupción]: *¿Hablas en serio? Grecia es mi lugar favorito!*

Esa película era increíble, pero me decepcionó el... [Interrupción]: *El final, ¿No? ¡Fue inesperado! Creo que pudo ser mejor.*

¿Qué notas de los ejemplos anteriores? Todos ellos demuestran un nivel de excitación sobre lo que la otra persona está hablando. Muestras que la emoción es realmente tan alta, que no puedes esperar a que termine. De esta forma estás interrumpiendo con un propósito, y no sólo ciegamente para imponer tu punto de vista. Estás interrumpiendo para estar de acuerdo. También estás interrumpiendo porque te emociona el tema sobre el que se está hablando. Tienes el mismo nivel de urgencia emocional, y eso es clave. Cuanto más sientan las personas que estás en la misma sintonía emocional, más les agradarás.

Pero bueno, no siempre nos sentimos tan emocionalmente vinculados a otras personas como para terminar sus oraciones. ¿Y si sólo queremos crear una sensación de cercanía? La verdad es que no es difícil predecir lo que la gente piensa para que puedas interrumpir, para estar de acuerdo, o para terminar sus frases, pero si no lo puedes hacer, hay una solución fácil para esto. Simplemente interrumpes con una frase estándar incompleta, por ejemplo:

¡Lo sé! Es tan...

Y luego permites a la otra persona terminar la oración. De esta forma puedes ver en qué dirección van sus pensamientos

Habla su idioma

La clave para una conversación exitosa es la comodidad. Pero, ¿Cuál es la manera más fácil de hacer que alguien se sienta cómodo? Simplemente hablar su idioma y utilizar sus términos. Permite que las personas se sientan como si estuvieran en casa. Esto incluye tus palabras, tus modismos, tu acento, tu tono de voz, tus expresiones faciales y tu lenguaje corporal. Tienes que recordar que todo el mundo proviene de diferentes orígenes. Todos crecimos en contextos muy diferentes y ese contexto da forma a nuestra percepción del mundo y a nuestra zona de confort verbal. Si deseas convertirte en un conversador eficaz, necesitas averiguar rápidamente cuál es este contexto.

Vocabulario

Para crear comodidad tienes que hablar su idioma, pero esto no significa que imites todos sus gestos e intentes convertirte en un clon de las personas con las que hablas. El primer paso es observar el vocabulario y los modismos que alguien usa. Utilizar el mismo vocabulario de la otra persona puede significar una gran diferencia en cómo te perciben. De inmediato te separas del resto del mundo y te pones al mismo nivel de esa persona.

Con un poco de investigación de fondo puedes descubrir los contextos de la gente y las zonas de confort antes de hablar con ellos. Por ejemplo, podrías preguntar dónde se crio esa persona o cuáles son sus pasatiempos favoritos. De esta forma podrás usar vocabulario y frases que son inherentes a esos lugares o pasatiempos, y romper instantáneamente el hielo. Si descubres que alguien fue criado en un pueblo rural y su pasatiempo favorito es el esquí, podrías utilizar esporádicamente vocabulario rural y utilizar analogías o metáforas relacionadas con el esquí. En ese momento probablemente verás que los ojos de la persona se encienden al reconocerte como alguien con quién puede relacionarse más profundamente.

Ten en cuenta que las zonas de confort de la gente podrían no ser las que tú crees que son. Se trata de cómo las personas eligen mostrarse.

Alguien podría ser un abogado importante, socio de una empresa grande y prestigiosa en la que gana varios millones de dólares al año, pero si te habla sobre la agricultura y la vida en el campo, entonces esa es el área de confort cuando conversas con esa persona. La realidad objetiva podría ser que esta persona sea un verdadero habitante urbano con una gran casa en la ciudad, pero en su mente y por la forma en que habla, su corazón está en un entorno rural. En tal caso, debes verlo de la manera que la persona elige verse a sí misma y bucear en esa zona de confort.

No lo tires por la borda

La mayoría hemos visto casos de personas intentando imitar torpemente el vocabulario de otras personas con resultados a menudo hilarantes. Imagina a un alcalde de 50 años intentando dirigirse a una juventud de 15 años utilizando jerga adolescente.

A esto me refiero cuando digo que no lo tires por la borda. En estos casos es muy evidente que están tratando de hablar en el lenguaje de sus interlocutores, lo que es positivo, pero la ejecución es dolorosa y hace que la otra parte se sienta incómoda.

Cómo imponer respeto

Todos los seres humanos tienen la necesidad de ser respetados, aunque objetivamente no lo merezcan. Sabemos que el respeto es algo que se gana. No es algo que se te entregue sólo porque tienes dinero o estudios universitarios. Pero cuando se trata de llevarse bien con la gente, en realidad no importa si piensas que alguien no se ha ganado tu respeto o no merece respeto en absoluto. Tienes que proyectar la ilusión de respeto sin importar cómo te sientas internamente.

¿Es una actitud falsa? No, sólo es la realidad. Si sólo pudiéramos interactuar con amigos, familiares y aquellas personas que respetamos, sería una vida idílica. En este caso probablemente no podrías tener un trabajo o no podrías asistir a reuniones sociales de ningún tipo.

Así que si quieres simplificar tus relaciones con la gente, asegúrate de hablar con ellos de tal manera que siempre haya un aura de respeto.

Proyección de respeto

Al dirigirte a las personas, la forma en que elaboras tus frases influye directamente en el respeto que proyectas. Por ejemplo, observa la diferencia entre las siguientes frases.

- Oye, saca la basura ¡AHORA!
- Oye, ¿Puedes sacar la basura hoy?

Dar una orden o hacer una pregunta tiene un impacto muy grande. Lógicamente en ambos casos estás diciendo exactamente lo mismo. La pregunta y la orden expresan el mismo mensaje, y tienen el mismo objetivo final, pero el camino hacia ese objetivo final es radicalmente diferente. Mucha gente incluso se puede ofender al recibir una orden.

Adopta la regla: Preguntar, no ordenar.

Un paso adicional para crear una ilusión de respeto aún mayor es la justificación.

- Oye, ¿Puedes sacar la basura hoy?, yo no puedo **porque** estoy ocupado con mi tarea.

Tienes que desactivar las posibles objeciones y maximizar la ilusión de respeto. Darle a alguien una justificación convierte la pregunta en una petición razonable y racional. La palabra mágica es "porque". De acuerdo con investigaciones, el simple hecho de incluir la palabra "porque" en una solicitud desactiva por completo varias actitudes defensivas en la persona a la que se le está solicitando hacer algo.

La regla de los dos segundos

En el ámbito de las tácticas conversacionales se afirma comúnmente que a la gente le gusta hablar de sí misma. Esto es innegable. Pero añadiré algo más. La mayoría de las personas no habla de sí misma para presumir, sino en busca de validación por parte de los demás.

Cuando alguien está hablando de sí mismo, se dice que tiene el centro de atención. Naturalmente, lo peor que se puede hacer con alguien que tiene el centro de atención es quitárselo, y lamentablemente hacemos esto de varias maneras sin siquiera darnos cuenta, por ejemplo, al cambiar continuamente el tema de discusión hacia nosotros mismos.

Sin embargo, la forma más importante de quitar el centro de atención a una persona es aparentar no escuchar lo que está diciendo, incluso si en realidad estás escuchando con atención. Probablemente parecías estar tan ansioso de hablar que diste la impresión de que lo que dijo no era tan importante para ti.

Ten en cuenta que este es un fenómeno totalmente diferente a interrumpir ingeniosamente y con gracia. Con las interrupciones positivas estás demostrando que estás de acuerdo con la persona. Para evitar este problema existe la regla de los dos segundos.

La regla de los dos segundos es simple. Después de que alguien hable y haga declaraciones reflexivas y personales, espera dos segundos antes de decir algo. Eso es todo. Haz una pausa de dos segundos para mostrar que estás asimilando lo que han dicho antes de responder. Por supuesto, esta debe ser una actitud genuina. Es muy frustrante decir algo profundamente personal, y que luego tu interlocutor ni siquiera lo reconozca y hable de su próxima sesión de gimnasio.

Durante esos dos segundos debes ser consciente de que tu expresión facial debe reflejar el pensamiento y no ser sólo una mirada en blanco. Cuando alguien deja de hablar, por lo general mira a la cara, y lo que está buscando es algún tipo de señal de que prestaste atención a lo que dijo. Si comienzas a hablar inmediatamente, plantarás semillas de duda en sus mentes en cuanto a tu nivel de respeto por ellos y la importancia que le diste a su mensaje.

Una alternativa muy común que se utiliza en lugar de una pausa de dos segundos es decir "Eso es realmente interesante...". Sin embargo, puede ser molesto si lo haces habitualmente. Es muy fácil identificar esta declaración como una frase cliché para encubrir el hecho de que lo que deseas es hablar inmediatamente.

La mejor manera de usar esta frase o frases similares es hacer la pausa de dos segundos y luego decirla. En realidad, esto aumenta el efecto positivo de la pausa de dos segundos. No sólo hace que la persona se sienta reconocida, sino que también muestras aprecio por lo que dijeron.

El objetivo detrás de esta práctica es mostrarte como un buen oyente, y a la gente le encantan los grandes oyentes porque quieren ser escuchados. Quieren sentir que lo que tienen que decir es importante.

La mejor manera de precalentar

Una conversación es una actuación, y las habilidades sociales y de conversación son los músculos de los cuales depende su rendimiento. Cuando queremos mejorar nuestro rendimiento, ya sea deportivo o académico, siempre realizamos algún tipo de calentamiento. Los corredores estiran sus músculos, los vocalistas cantan escalas. ¿Y qué pasa con las personas que participan en una conversación? Es una técnica bastante sencilla. Para calentar tus habilidades sociales y de conversación, sólo tienes que leer en voz alta.

La lectura en voz alta

Suena simple, pero este ejercicio de la lectura en voz alta será diferente a cualquier otro momento de lectura por placer, ya que tendrá un propósito. Estos son los pasos.

Abre un libro y encuentra un extracto de unas 400 palabras de largo, preferiblemente con el diálogo de diferentes personajes. Mientras más emocionante y emocional sea el fragmento, mejor.

Lee el extracto en voz alta. Grita en algunas partes, mientras que susurras en otras. Utiliza voces diferentes y estrafalarias para diferentes personajes. Exagera diez veces cualquier emoción que aparezca en el extracto (risa descontrolada, rabia, confusión, alegría, etc.).

Lee el extracto como si estuvieras en un concurso, y el ganador será el más emocional y ridículo.

Presta atención a tu tono de voz. ¿Estás acostumbrado a utilizar un tono monótono? Si es así, detente. Utiliza el extracto para ampliar tu gama de tono vocal: voz alta, tranquila, expresiva y emocional.

¿Qué emociones emergen en el texto? Incluso en un extracto de 400 palabras, hay puntos emocionales altos y bajos. Créalos y haz que suenen como un clímax para ampliar tu gama de emociones.

También presta atención a tu dicción y pronunciación. En cierto sentido estás calentando tu lengua para que no tartamudees o tropieces con tus palabras cuando hables con los demás. Es necesario adquirir suficiente diversidad en la tonalidad y la pronunciación para hacer la conversación interesante. Tu tono de voz no debe ser plano.

Respiración

Después de que hayas leído el fragmento varias veces y logrado representar la diversidad emocional en tu vocalización, el siguiente paso es prestar atención a tu respiración. Tienes que centrarte en el diafragma, porque eso es lo que te ayuda a proyectar tu voz con más fuerza. Cuanto mejor se proyecta tu voz, mayor será el rango emocional que puedas crear. Usar tu diafragma correctamente implica respirar desde tu estómago. El punto aquí es "respirar" las palabras que estás diciendo. Para aprender la respiración abdominal sigue los siguientes pasos:

- Para aprender es útil acostarse cómodamente boca arriba, y más adelante podrás practicar sentado, de pie, y caminando. Para empezar procura estar realmente cómodo, así que túmbate colocando un cojín bajo tu cabeza y otro bajo tus rodillas. Posa tus manos en el abdomen.

- Expulsa a fondo el aire de tus pulmones varias veces. Si quieres puedes realizar algunos suspiros con el fin de vaciarlos bien del aire residual, lo cual automáticamente provocará la necesidad de inspirar más profundamente.

- Una vez provocado este impulso de respiración profunda, inspira llevando el aire hacia tu abdomen como si quisieras empujar hacia arriba las manos posadas en él. Mientras más extiendas el diafragma y más profundo respires, más se hinchará tu vientre.

- Retén un instante el aire en tus pulmones.

- Cuando sientas la necesidad de expulsar el aire, hazlo relajando tu vientre. Este se desinflará y las manos bajarán con él. Y al final de la exhalación empuja voluntariamente el diafragma hacia los pulmones para expulsar todo el aire.

- Quédate un instante con los pulmones vacíos, sintiendo cómo te vas relajando, y en cuanto sientas nuevamente el impulso de inspirar, hazlo profunda y lentamente volviendo a llenar tus pulmones mientras tu abdomen sube.

El ritmo

La forma en que dices algo es tan importante como el mensaje en sí mismo. Elementos como el tono de voz, expresión facial, lenguaje corporal y la presentación general son muy importantes. También es clave la velocidad a la que hablas, es decir, el ritmo. ¿Alguna vez has notado que los mentirosos tienden a acelerar su ritmo en ciertos puntos? También se pueden ver nerviosos, inquietos, e incómodos. La velocidad puede ser tu amiga o socavar lo que estás tratando de decir. Si hablas a un ritmo apagado, mucho de lo que digas se perderá fácilmente. Por otro lado, si tu velocidad es muy alta, sólo lograrás que las personas dejen de confiar y pongan su guardia en alto.

Si bien no hay reglas duras y rápidas en cuanto a cómo debe ser el ritmo, ten presente que la velocidad y el ritmo sirven para enfatizar ciertos puntos de la conversación. Cuando estés tocando un punto importante, debes ralentizar el ritmo para aumentar el impacto del mensaje. No se puede ser un buen conversador si los puntos clave de la historia se pasan fácilmente por alto. Por otra parte, también es buena idea acelerar el ritmo cuando se habla de puntos de menor importancia.

Cómo desviar los golpes verbales

Para algunas personas, los golpes verbales (burlas, bromas, sarcasmo) son la forma en que se relacionan con los demás y cómo se demuestran afecto. Tú puedes ser o no ser una de esas personas. Por supuesto, no hay nada malo en ello si conoces los límites. Pero en cualquier escenario, debes ser capaz de desviar los golpes que inevitablemente encontrarás en tu camino.

La clave para recibir los golpes verbales es internalizar que nada es personal, y que las cosas se dijeron en beneficio de una risa no maliciosa. La mejor manera de lidiar con una broma es no ponerse a la defensiva y enojarse con el resto. Las personas no te hacen bromas para hacerte sentir mal, sino que sólo se burlan de una de tus vulnerabilidades porque pareces lo suficientemente seguro de ti mismo como para resistirlo.

No intentes demostrar que están equivocados y no te molestes si alguien hace una broma a tu costa, sólo tienes que estar de acuerdo y exagerarla. Por ejemplo:

- *Steve, creo que la carne que hiciste ayer me dio diarrea.*
- *Mmm... Tienes suerte si sólo tienes diarrea.*

- *Steve, eres un pésimo conductor.*
- *Sólo he destrozado dos coches, así que no tengo idea de por qué dices eso.*

¿Qué señal envía esto? Te muestras como una persona accesible y que no te lo tomas demasiado en serio. Tomar una broma como esa y convertirla en otra broma demuestra sentido del humor, y eso es algo que hace que la gente se sienta cómoda. Pueden decir lo que quieran a tu alrededor sin tener que ser muy cuidadosos. En segundo lugar, muestra que eres seguro de ti mismo y que no te preocupa lo que piense la gente. Puedes hacer chistes y no te importa ser el blanco de las bromas de vez en cuando.

El punto aquí es desarrollar una sensación de comodidad mutua. Si te pones a la defensiva y dramático con cada broma, enviarás señales de incomodidad y la gente sentirá que tratar contigo es como caminar sobre huevos, y con el tiempo te hablarán cada vez menos.

La clave de esta técnica es estar de acuerdo con la crítica o la broma. Juega y disfruta. Siempre busca la forma para desarmar a la gente, porque cuando las desarmas y exageras sus bromas, es menos probable que se burlen de ti.

Nada es personal

Esto es crucial. A veces cuando intentas exagerar una broma te puedes ir al extremo y enviar el mensaje equivocado. Por ejemplo:
- *Steve, tu corte de pelo es tan raro.*
- *Sí, es terrible. Todo lo que hago es terrible. Hasta mi ropa también es basura. Creo que ahora iré a un refugio para personas sin hogar. Gracias por tu comentario.*

Esto es innecesario.

Bromas en comparación con el ridículo

En realidad a veces las personas son maliciosas y mal intencionados. No se limitan efectivamente a lanzar una broma, sino que permanentemente intentan ridiculizar tu inteligencia, juicio o carácter.

Hay una gran diferencia entre una broma y una burla. La diferencia por lo general radica en la intención. Una broma es aceptable, y puede ser sobre una amplia gama de temas. Tú no eres el objetivo principal. Por otro lado, una burla tiene la única intención de hacer que te veas estúpido.

Se puede tratar con las bromas de una manera muy agradable, y no da lugar a un drama innecesario. Sin embargo, si estás tratando con alguien que está intentando ridiculizarte, entonces necesitas ser más cuidadoso. No te pongas a la defensiva, ya que será obvio que eres inseguro. En su lugar, un simple "¿Qué estás haciendo?" será suficiente para detener a la mayoría de la gente.

El punto aquí es enviar la señal de que no eres una presa fácil. Estás expresando que sabes lo que están haciendo, y pones de relieve el hecho de que no lo toleraras. Esta actitud es crucial, ya que tiene implicancias en el respeto que otros tendrán por ti.

Si no deseas ser tratado como alguien irrelevante, necesitas detener las pasiones de los mal intencionados de vez en cuando.

Celebra la idiosincrasia de la gente

No importa qué tan normal creas que es alguien, todos tenemos un lado extraño, y eso es bueno. A veces no tienes que buscar mucho, en otros casos tienes que excavar un poco... pero ahí está.

Cada persona tiene su propia idiosincrasia mental, emocional o física que las hace únicas, y puede tomar formas ilimitadas. Se podría pensar que estas idiosincrasias son cosas que la gente quiere ocultar a los demás. Pero aquí está el truco: cuando las notes, señálalas y celébralas. La gente te amará por eso.

En el contexto de una conversación verás gestos, tics, lenguaje corporal, vocabulario, fraseo único, etc. Hay una multitud de factores que hacen únicas a las personas.

Algunas personas pueden masticar 50 veces cada bocado de comida. Otras evitan tocar los pomos de las puertas cuando las abren. Algunos podrían no pisar las grietas en la acera por diversión. Una vez que hayas observado la misma idiosincrasia al menos un par de veces, asegúrate de señalarla, pero no de una manera negativa, sino desde la postura de un buen observador. Por ejemplo:

- *Hey, esa es una forma interesante de amarrarse los zapatos...*

No estás señalando algo de forma negativa. Sólo has observado algo que es relativamente personal, y que probablemente la persona creyó que nadie se daría cuenta. Pero tú lo hiciste. El hecho de que notes algo único en las personas hará que se sientan especiales. La gente puede ser consciente de algo y no querer llamar la atención, pero aun así tienen la esperanza de que otras personas lo noten. Si lo haces correctamente, la gente te verá con otros ojos al instante. Es posible que hayas sido un completo extraño al principio, pero cuando pones el centro de atención en la idiosincrasia de la otra persona, te conviertes en observador e inteligente, y todos los demás rasgos de carácter asociados (como intuitivo, perspicaz, incisivo, agudo, etc.).

La forma es importante

Recuerda que a nadie le gusta tener a un obsesivo en su vida. Si haces parecer como si estuvieras obsesionado con la idiosincrasia de la otra persona, ¿Cómo crees que se sentirá?

También asegúrate de que no tienes ningún tono crítico en tu voz o en tu lenguaje corporal cuando señales su peculiaridad. A las personas no les gusta ser consideradas como anormales o que hay algo mal con ellas. Se ponen a la defensiva, elevan su guardia, y esto lleva fácilmente la conversación a un espiral descendente.

La mejor manera de destacar una idiosincrasia es mencionarla de manera improvisada, sin hacer un juicio negativo y sin ninguna implicación de negatividad. No hagas que se vea como si estuvieras mostrando algo que es embarazoso. En su lugar, haz que tu observación sea un punto de coincidencia. Por ejemplo:

- *Tiendo a hacer algo similar cuando me siento a comer...*

Entonces habla de tu propia idiosincrasia. Al hacer esto estableces una base común y dejas claro que no hay juicio. De esta forma es muy fácil para la persona sentir que eres su aliado. El objetivo de destacar una peculiaridad es conectarse con otros a un nivel más profundo. Cuando alguien siente que valoras su personalidad, ya estás en la ruta directa a su círculo íntimo.

Preguntas y opiniones personales

Como probablemente ya sepas, una de las reglas de oro de la conversación es inducir a la gente a hablar de sí misma. Esto suele ser un consejo sólido, ya que en general la gente disfruta más al hablar de sí misma que del resto. Si se hace correctamente, no es raro que se pueda crear una gran conversación sólo con preguntar y asentir con la cabeza.

Pero ese tipo de conversación unilateral no suena como una conversación que desees tener con todo el mundo ¿Verdad? ¿Realmente te preocupan las pequeñeces de la vida de las personas, o estás más interesado en compartir las tuyas? Inducir a la gente a hablar de sí misma es una técnica muy útil, pero no es una práctica particularmente sostenible, especialmente con personas que ya has conocido durante algún tiempo.

Para combatir esto te presentaré un concepto con dos elementos que probablemente creías que no se mezclaban. Debes mantener una relación de 2:1 entre las **preguntas** y las **opiniones personales**.

Cuando analizamos una conversación, vemos que en realidad se trata de una serie de preguntas y respuestas. Si piensas en tu última conversación verás que estos son los dos componentes básicos que la conformaron.

Mantener una relación de 2:1 entre preguntas y opiniones es una manera de permitir que otras personas hablen de su tema favorito (ellos mismos), y mantener una conversación más equilibrada y madura, por lo que no tienes que seguir actuando como si fueras el conductor de un programa de entrevistas.

Independientemente de lo interesante que pienses que eres o lo impresionante que creas que es tu vida, rara vez el objetivo de tu interlocutor es escuchar cómo vives. La proporción de 2:1 permite que ambas partes compartan sus historias, pero se asegura de que tu interlocutor se siga sintiendo interesante.

La proporción de 2:1 funciona porque le pone sobre aviso en cuanto a cómo deben estar de comprometidos ambos en la conversación.

He aquí un ejemplo. Lo destacado en negrita usa la proporción 2:1.

- *Steve, ¿Cómo estuvo el juego anoche?*
- **Entretenido, ¿Y tú qué hiciste anoche?** *(1 pregunta)*
- *Fui a un paseo para observar aves! Fue divertido.*
- **¿No es un poco frío el clima en esta temporada para hacer eso?** *(2 preguntas)*
- *Sí, pero el clima es diferente en este parque cercano.*
- **Tienes razón. Eso me recuerda una vez...** *(1 opinión)*
- *Wow, Islandia suena increíble!*
- **Si, lo fue. ¿Dónde fue el último lugar al que viajaste?** *(1 pregunta)*
- *África, hacía mucho calor.*
- **¿Fuiste a un safari? He escuchado que es casi una obligación.** *(2 preguntas)*
- *Si, lo hice. Los leones estaban tan cerca que casi podía tocarlos.*
- **Amo los leones! Siempre me recuerdan la vez que fui al zoológico y...** *(1 opinión)*

Como ves, la aplicación de esta técnica es natural y al leer el fragmento de esta conversación no parece estar ocurriendo nada fuera de lo normal. Al aplicar este patrón te aseguras de mantener la atención en la otra persona y al mismo tiempo te permite aportar a la conversación. Si no mantienes la relación

2:1 es casi seguro que la conversación se apagará por el aburrimiento de una de las partes.

Obviamente, la relación 2:1 no es una regla dura y estricta, ya que es imposible que alguien lleve la cuenta durante una conversación interesante, pero te da una idea de cuál debe ser la dinámica que debes buscar en una interacción.

Si te comienzas a aburrir en una conversación debido a los interminables monólogos de la otra persona, sólo tienes que ajustar la relación de preguntas y opiniones para que se acerque más a 2:1, y responder a las preguntas con historias.

Por último, si continuas aburriéndote a pesar de la proporción de 2:1, es una buena señal para que te preguntes si realmente deseas seguir esa conversación.

Nunca rías primero

Todos tenemos risas falsas. No importa que tan honestos creamos que somos, o cuánto odiemos a la gente superficial. Seguimos usando risas falsas día a día. Queremos ser agradables. Queremos que las situaciones sociales funcionen bien, y queremos eliminar los silencios incómodos. Y lo más importante, no queremos que la gente se sienta mal cuando hacen una mala broma. Así que lanzamos una risa piadosa.

La risa falsa es el lubricante que rescata muchas conversaciones. Llena el espacio vacío y te da algo que hacer cuando no tienes idea de que decir. A veces dependemos de la risa falsa de otras personas para no sentirnos estúpidos. Así que nos reímos con los chistes de la gente. La risa falsa es una parte integral de nuestro léxico diario, pero eso no significa que nos guste, y cuanto más tenemos que hacerlo con alguien, más agotador que es hablar con esa persona... y en última se vuelve desagradable.

Obviamente, queremos evitar la risa falsa de los demás. Pero ¿Cómo podemos hacerlo?

Siempre ríe segundo, nunca rías primero.

El mayor culpable para que la gente use su risa falsa, y finalmente se canse de hablar contigo, es cuando ríes de tus propias bromas y con orgullo, sin mirar la reacción de la otra persona, especialmente cuando la broma no es divertida. Piénsalo.

Carlos hace una broma mediocre y se ríe de él mismo. ¿No sientes como si tuvieras que darle una risa falsa para mantener la conversación fluyendo y darle la reacción que está buscando? De acuerdo, entonces te esfuerzas para poner una sonrisa en tu cara y expulsar parte del aire de tus pulmones. No es gran cosa. Entonces Carlos lo hace de nuevo. Y otra vez. Y otra vez. Y tus músculos faciales empiezan a doler debido a la cantidad de veces que has tenido que retorcer tu cara en una falsificación.

Eso es lo que produces en tus compañeros de conversación cuando eres el primero en reír de tus propias bromas sin medir cómo la otra persona está reaccionando. Cuando eres el primero en reír de tus bromas, estás imponiendo tu voluntad sobre las personas y diciéndoles cómo se deben sentir.

Esta actitud también demuestra incapacidad para leer las señales sociales. Las señales sociales son las pequeñas señales que las personas emiten y dicen lo que realmente están pensando. Por ejemplo, una señal social muy común es cuando alguien se inclina hacia atrás con los brazos cruzados y mira alrededor de la habitación detrás de ti. Esta señal indica que esa persona no está interesada en lo que estás diciendo.

Por supuesto, como la mayoría de las normas, esta no es una norma estricta, pero es importante que comprendas la lección de escuchar y leer las señales en las otras personas.

Siempre decir "Sí, y..."

En respuesta a la sugerencia de otra persona, pensamiento, o tema, siempre debes decir "Sí, y..." para cambiar de tema sutilmente y dar la sensación de añadir algo. De esta forma mantendrás viva la conversación. La mentalidad "Sí, y..." significa que estás **colaborando** con la persona que está hablando. Este patrón verbal sugiere que estás aceptando las cosas y temas que se están hablando, y estás complementando la conversación, aunque en realidad estés cambiando de tema.

Por ejemplo, si alguien dice algo sobre la política de Oriente Medio, en lugar de mostrar desinterés y cambiar de tema violentamente, puedes decir "Sí, y..." y agregar algo sobre cómo afectan las cuestiones económicas en África. De esta manera puedes cambiar de tema sutilmente, dirigir la conversación hacia donde quieras, y al mismo tiempo mantener el flujo de la conversación.

Táctica HFM

El HFM es una de mis tácticas de conversación favoritas, ya que es ampliamente aplicable. Es el acrónimo de historia, filosofía y metáfora.

La historia es tu experiencia personal y recuerdos sobre el tema en cuestión. Imagina la frase clave *"recuerdo cuando..."*.

La filosofía es tu opinión personal, sentimientos o tu postura sobre el tema en cuestión. Imagina la frase clave *"realmente me encanta/odio porque..."*.

Por último, la metáfora es un tema externo, relacionado o no con el tema que se está conversando. Imagina la frase clave *"esto me hace pensar en..."*.

No importa si eres el mejor conversador del mundo, siempre habrá momentos muertos en una conversación. Todo lo que necesitas hacer es pensar en HFM, y tendrás un nuevo tema a la mano.

Intentémoslo con un tema sobre el que siento que no tengo nada que decir, por ejemplo NASCAR (carreras de coches).

Supongamos que alguien habla sobre su pasión por las carreras de NASCAR. Mi HFM sería algo así:

Historia: Yo nunca he estado en un evento de NASCAR, pero parecen increíbles. ¿Has estado en alguno?

Filosofía: Estoy seguro de que para los fanáticos de NASCAR es algo más que sólo sentarse y ver coches con la última tecnología, ¿verdad?

Metáfora: Esos coches de NASCAR siempre tienen un montón de patrocinadores, lo que me recuerda los uniformes de los equipos de fútbol europeos.

El problema con la técnica HFM es que requiere que accedas a tu banco de memoria y puede ser difícil generar pensamientos y declaraciones originales sin práctica. Sin embargo, te permite parecer curioso y comprometido con la conversación, lo que crea el confort necesario para una buena relación.

Pedir historias, no respuestas

Si eres fanático de los deportes, seguramente reconocerás esta técnica. Cuando ves una entrevista a un deportista, ¿Has notado lo extraño que parecen las preguntas que les hacen?

Las preguntas suelen ser algo como: "Háblame de ese momento en el segundo tiempo. ¿Qué sentiste y cómo dieron vuelta el partido?"

Se pide una historia en lugar de una respuesta, y es muy fácil de responder, ya que proporciona detalles para que el atleta pueda comenzar a hablar. El periodista podría fácilmente preguntar algo tan mundano como "*¿Qué hizo que jugaran mejor y ganaran?*" pero eso sería aburrido y sólo conseguiría una respuesta genérica.

Tus conversaciones pueden ser mucho más fáciles si proporcionas un terreno fértil a la otra parte para responder. Cuando haces preguntas pobres, consigues respuestas pobres.

Esta es una regla general. Las historias son personales, emocionales, e interesantes, por lo tanto, para crear conversaciones más entretenidas, pide historias en vez de respuestas, de la misma forma que lo hacen los reporteros deportivos. Ya hemos llegado al final de este capítulo y ahora es el momento de aprender tácticas de argumentación y a enfrentar conversaciones difíciles. Debes saber que no importa lo agradable que seas, siempre será inevitable enfrentar conversaciones incomodas o difíciles con tu pareja, amigos o en el trabajo. Es por ello que a continuación aprenderás los estilos de comunicación, para luego avanzar a técnicas específicas de argumentación.

CAPÍTULO 2
LOS 4 ESTILOS DE COMUNICACIÓN

Antes de aprender las técnicas específicas de argumentación, es recomendable que conozcas cómo ciertos tipos de personalidad tienden a pensar. De esta forma te harás un mapa para hacer frente a ciertos tipos de personas.

Comunicador pasivo

Los comunicadores pasivos evitan expresar sus opiniones o sentimientos. Evitan cualquier tipo de conflicto, y esto implica dar su brazo a torcer frecuentemente. Nada de eso les importa. Preferirían que otros llamen la atención en lugar de hacerlo ellos mismos. A menudo ven sus necesidades ignoradas y tienden a hablar en voz baja o en tono de disculpa.

La mejor manera de involucrar a los comunicadores pasivos en una conversación es acercarse a ellos con cuidado y asegúrate de no utilizar lenguaje crítico. Serán reservados hasta que se sientan a salvo contigo.

Comunicador agresivo

Los comunicadores agresivos tienden a ser egocéntricos. No es intencional, pero tienden a pensar más en sí mismos y por lo tanto tienden a violar el espacio de los demás. Sienten la necesidad de dominar, conquistar, y demostrar a los demás que están equivocados.

Las personas con un estilo de comunicación agresiva siempre están intentando demostrar un punto. La comunicación agresiva suele ser el resultado de una baja autoestima. Muchas personas que tienen un estilo de comunicación agresiva están sufriendo de heridas emocionales sin cicatrizar y en el fondo se sienten impotentes. Presentan una baja tolerancia a la frustración y tienden a utilizar la humillación, la interrupción, la crítica y la culpa para atacar a otros e imponer su posición.

Son orientados a objetivos, por lo que tienen tendencia a no ser buenos oyentes. A menudo están incómodos con ellos mismos, y arremeten contra otras personas para aliviar esa tensión y sentirse mejor. Para tratar con ellos debes validarlos y hacerles saber que han sido escuchados. Una vez que puedan ver que reconoces su grandeza, o simplemente no eres una amenaza para su orgullo y ego, bajarán la guardia.

Comunicador pasivo-agresivo

Los comunicadores pasivos-agresivos quieren afirmar su dominio sobre la gente y una situación, pero quieren hacerlo de una manera que les permita aparecer socialmente aceptables y educados. La confrontación es su peor pesadilla. Por lo general tienen un trasfondo de impotencia y resentimiento. Quieren gritar a alguien, pero no tienen el valor y la conciencia social para hacerlo. Por lo tanto, su molestia y amargura crece, y finalmente se sienten incapaces de tratar directamente con el objeto de su irritación, frustración y resentimiento.

Ellos expresan su ira al socavar sutilmente el objeto o la persona real o imaginaria de la que se resienten. Ellos murmuran para sí mismos en lugar de enfrentarse a otra persona. Sonríen a pesar de estar enfadados. Hablan con sarcasmo, doble sentido, y amenazas veladas. Sienten que merecen algo mejor, pero no saben cómo expresarlo. Por lo tanto, la manera de tratar con los comunicadores pasivos-agresivos es validar sus sentimientos y hacerles saber que has notado sus señales. Esto les da exactamente lo que quieren: control y dominio sobre una situación sin tener que recurrir a la confrontación.

Comunicador asertivo

Este último estilo de comunicador pasa a ser el enfoque ideal.

Los comunicadores asertivos establecen claramente sus opiniones, sentimientos y abogan firmemente por sus derechos y necesidades.

Este estilo de comunicador es diferente al comunicador agresivo porque no tiene necesidad de violar los derechos de los demás. Reconocen objetivamente cuáles son sus derechos y dónde están los límites.

Este estilo de comunicación es resultado de una alta autoestima.

Las personas asertivas valoran su tiempo, sus necesidades emocionales, espirituales y físicas. Este tipo de personas han elegido para ser fuertes defensores de sí mismos mientras que son respetuosos de los derechos de los demás. No creen que para que ellos ganen otras personas tengan que perder.

Son buenos oyentes, mantienen buen contacto visual y crean un ambiente de respeto por los demás.

Con este conocimiento, ya estamos en condiciones de aprender a argumentar. Eso es lo que veremos en el próximo capítulo.

CAPÍTULO 3
TÁCTICAS DE ARGUMENTACIÓN Y FALACIAS LÓGICAS

Como todas las conversaciones tienen las semillas para un posible debate, es importante saber cómo argumentar y defenderse.

Recuerdo muy bien una ocasión de una Navidad en mi infancia. Yo estaba con mis padres y acabábamos de salir de un centro comercial. Como era de esperar, había un hombre delgado vestido como Santa Claus de pie cerca de la entrada, haciendo sonar su campana para las donaciones.

Les dije a mis padres que quería donar, pero me dijeron que no tenían ningún dinero en efectivo para donar. Seguí insistiendo, por lo que mi madre terminó excavando y encontró algunos centavos en el fondo de su bolso. Corrí a Santa y poner mis monedas en el cubo que sostenía. Me miró por un segundo y dijo: "¿Eso es lo mejor que puedes hacer? Sal de aquí."

Esta fue una respuesta bastante dura para un niño de seis años de edad, pero demuestra que simplemente no importa lo sólida que creas que es tu posición, en algunas ocasiones tendrás que hacer frente a contragolpes.

Seguirás teniendo que lidiar con la actitud defensiva, la gente intentará culparte, tendrás que tratar con la conducta agresiva pasiva, mentirán, amenazarán, serán un muro de piedra, llorarán, gritarán, usarán el sarcasmo, estará de mal humor, te acusarán, o se ofenderán.

Independientemente de qué tan discreto crees que seas y de lo bien que sea tu argumento, tienes que estar listo para el contragolpe.

Para dominar el arte de las conversaciones difíciles, tienes que tratar con los contragolpes como un profesional. El hecho de que no estés en mentalidad de combate no implica que no recibirás un contraataque. Algunas personas simplemente no pueden tomar bien las críticas y otras sencillamente son excesivamente sensibles.

La clave para prevenir los contraataques y mantener una conversación civilizada es abordar de forma preventiva los sentimientos de una actitud defensiva. En este capítulo aprenderás a lograrlo y hacer que la conversación fluya tan suavemente como sea posible.

El primer paso es entender por qué la gente contraataca. Como ya hemos mencionado, la gente, con bastante frecuencia, se mueve desde la inseguridad y el instinto de conservación. La confrontación en una conversación difícil pone a las personas en modo de "lucha o huida". A menudo no son capaces de escapar, por lo que recurren al modo de luchar para protegerse de cualquier peligro. No hay peligro físico, así que lo que quieren proteger es el ego, su orgullo y su autoestima.

Los contraataques también te pueden ayudar a comprender más profundamente a las personas. Pueden revelar accidentalmente alguna inseguridad específica. Recuerda que la gente normalmente opera desde una posición de temor y prevención. Por ejemplo, las personas narcisistas defensivas parecen tener un miedo inconsciente y extremo de ser considerados inferiores. Esto los lleva a hacer esfuerzos extremos para superar la inseguridad ¿Cómo lo hacen? Tratan de proyectar un aire de superioridad insultante y degradante sobre el resto. De la misma forma, las personas paranoicas defensivas parecen tener un miedo inconsciente y extremo de ser traicionados. No es que en realidad están siendo traicionadas, simplemente no quieren tener la sensación de ser traicionadas o defraudadas. Esto las lleva a ser tan inseguras que todo parece ser un complot o conspiración contra ellas. Tienden a aferrarse a rencores poco razonables, y con frecuencia dan el primer paso en atacar a las personas para que puedan herir a los demás antes de que otros les hagan daño.

Siempre es una buena idea saber por qué la gente se pone a la defensiva y por qué ataca. Debes saber qué es lo que causa su inseguridad para saber desde dónde vienen los contraataques.

Una vez que entiendes por qué la gente contraataca y eres capaz de reconocer que no es algo personal en tu contra, es el momento de aliviar las inseguridades de la gente. En este punto debes aclarar que no eres una amenaza para ellos, y expresar tus verdaderas intenciones. Precisa que no estás juzgando su carácter, sino que sólo estás hablando de un problema pequeño y no de su integridad como persona.

Muy a menudo los argumentos dependen de trucos y errores lógicos que no se sostienen cuando se someten a un escrutinio mayor. Los errores lógicos no abordan el tema central que se está discutiendo, y las personas que recurren a ellos realmente no están argumentando, sino que están tratando de cubrir su falta de conocimiento o tratando de usar trucos engañosos para hacer parecer como que estuvieran ganando la discusión.

Es por eso que es importante reconocer estos trucos de argumentación para poder evitarlos o tratar con ellos de forma adecuada.

La resolución de conflictos de forma elegante y efectiva es un tema bastante extenso, pero en este capítulo aprenderás los principales tipos de argumentación y cómo enfrentarlos y evitarlos.

Argumentación ad hominem

Un argumento ad hominem es un término latino que se refiere a un ataque "contra la persona". Es decir, un argumento ad hominem consiste en dar por sentada la falsedad de una afirmación realizada por una persona, basándose en que hay algo cuestionable (o que se pretende cuestionar) en esa persona. En otras palabras, un argumento ad hominem es un ataque personal al individuo, y que no está relacionado con el punto en cuestión.

Esta es una táctica muy utilizada en debates, en el que una persona ataca el carácter de la otra persona en lugar del argumento o la lógica de esa persona. La idea es que la persona que está siendo atacada pase más tiempo protegiendo su carácter que defendiendo su argumento. En cierto sentido, es una cortina de humo para el atacante.

He aquí un típico argumento ad hominem:

- *José, olvidaste poner gasolina al coche. ¿Podrías hacerlo la próxima vez, por favor?*

- *¿Qué pasa contigo? Por lo menos me lo puedo permitir, a diferencia de ti. ¿Acaso ya conseguiste trabajo?*

Observa que la respuesta ni siquiera tiene que ver con reconocer o responder al problema. El ataque es contra la persona que hace la propuesta, y la reacción emocional podría hacer que el primer orador incluso olvide el tema de la gasolina.

No todos los ad hominem son tan obvios y evidentes como el ejemplo anterior. De hecho, la mayoría son sutiles y difíciles de detectar. Pueden ser muy tóxicos, y con frecuencia son el sello distintivo de alguien que no puede asumir la responsabilidad de sus propias acciones.

Cuando lanzas un argumento ad hominem, generalmente, las personas reaccionarán emocionalmente. A menudo te atacarán, se pondrán a la defensiva, y obviamente dejarán de sentirse cómodos contigo.

A continuación veremos algunas variantes de los ataques ad hominem que debes evitar.

Menospreciar:

Esto es cuando das la impresión de que estás por encima de la otra persona en términos de inteligencia, clase social, o capacidad. Por ejemplo:
- *Me gustaría responder a eso, pero no estoy seguro de que puedas comprenderlo.*
- *Incluso tú puedes lograrlo.*
- *Yo solía pensar de esa manera.*

Justificación del pensamiento:

Es cuando impones una explicación alternativa que degrada los procesos de pensamiento de la otra persona e intentas racionalizar por qué piensa de esa forma. Esto es muy ofensivo. En resumen, estás diciendo que la persona está mal, y debe ser disculpada, porque esa persona está psicológicamente dañada.
- *Piensas de esa manera porque fuiste abusado cuando eras niño, ¿Verdad?*

Cómo evitar el argumento ad hominem

Dado que las declaraciones ad hominem (intencionales o no intencionales) son tóxicas para cualquier tipo de conversación, es buena idea ser proactivos para evitarlas. La mejor forma de evitar estos ataques es manteniendo una distancia emocional de los puntos que se están hablando. En otras palabras, de forma consciente intenta no tomar las cosas de forma personal y trata de encontrar el verdadero objetivo detrás de las palabras de alguien.

Por ejemplo, tomemos una de tus camisas favoritas. Alguien diseñó esa camisa. Otra persona la fabricó. Quizás otra persona tiene el copyright de esa camisa. En otras palabras, esa camisa es el fruto del trabajo creativo de alguien... y no es tuya. En su núcleo esencial, esa camisa no eres tú. Si alguien critica esa camisa, no te está criticando a ti. No debes sentir que la camisa está ligada a lo que tú eres. Seguramente te pondrás a la defensiva y querrás devolver el golpe a la persona que sientes que está insultando a tu camisa, pero resiste la tentación. Tomaste la decisión de usar esa camisa, y ya no hay nada más que hacer. Además, ¿Qué califica a la otra persona para hacer tal juicio sobre camisas? Probablemente su opinión no tenga ninguna relevancia. Por último, todo el mundo tiene gustos diferentes en camisas y eso es algo que hay que celebrar.

Si quieres evitar las declaraciones ad hominem y no verte afectado por ellas, mantén una distancia emocional segura de los puntos que se están conversando.

Recuerda que no tienes que demostrar nada a nadie. No está a prueba tu nivel de inteligencia o tu sentido de la moda.

Lo único que debes demostrar en una conversación es lo agradable que puedes llegar a ser. Siempre que quedas atrapado en el intento de tener la razón en todo, es demasiado fácil involucrarte emocionalmente y caer presa de los ataques ad hominem (como víctima o como agresor).

Teniendo esto en mente va un largo camino para ayudar a alcanzar una distancia emocional segura y saludable de los puntos que están hablando.

Siempre que tratas con personas existe una posibilidad de conflicto. Esto es inevitable. Todos tenemos diferentes orígenes y diferentes experiencias. Lograr un 100% de concordancia es imposible, pero hay que buscar una manera saludable para discutir esas diferencias, y una buena forma es mantener los ataques ad hominem al mínimo.

Apelando a la perfección

Uno de los trucos más comunes de la argumentación que la gente te lanzará es una apelación a la perfección. Ellos refutan el argumento porque, según ellos, lo que se propone no es la solución perfecta.

Este modo de argumentar ignora el hecho de que existen soluciones intermedias, y que si bien no son perfectas, si son prácticas. La apelación a la perfección sólo considera dos alternativas: O todo está perfecto para ser correcto, o es incorrecto. Permíteme ilustrar.

- *¿Por qué prohibir las armas de fuego en este país? Los delincuentes siempre encuentran alguna manera ilegal de conseguirlas. Deberían ser de uso libre.*

Esta persona reformuló el argumento y lo convirtió en un tema blanco y negro. ¿Existe alguna alternativa a la prohibición de las armas de fuego? Por supuesto. Pero esta persona utiliza el supuesto de que sólo hay dos opciones para desaprobar el argumento. Prohibir o no prohibir.

- *¿Por qué bañarme a diario? Me bañé hoy, así que sólo necesitaré otra ducha en dos días más.*

De nuevo, esta es una apelación a la perfección que implica que una ducha limpia una vez y para siempre. Tampoco tiene en cuenta los beneficios intermedios de una ducha. Hay alternativas obvias a estar 100% limpio y 100% sucio. Si sigues este tipo de razonamiento hasta su conclusión lógica, obtendrás resultados absurdos y ridículos. Alguien podría argumentar que no comerá hoy porque de todos modos mañana tendrá hambre de nuevo.

Esta táctica tiende a ser muy irritante, porque la persona que la usa llega a conclusiones que involucran estados perfectos. La persona que hace este argumento ignora todo lo que está por debajo de ese estado perfecto. Nada es nunca lo suficientemente bueno para esa persona y crea una refutación para todo. Esto es muy frustrante y no permite abordar las cuestiones fundamentales del asunto. No hace falta decir que la persona que usa esta técnica no ofrece una solución, sino que sólo se enfoca en desarmar las soluciones de los demás. Tu solución no es perfecta y no resuelve cada pequeño problema, por lo que técnicamente, la persona que usa este truco ha ganado el argumento.

La mejor forma de contrarrestar esta táctica es ser capaz de identificarla y dejar en evidencia la incapacidad de la persona para buscar soluciones prácticas.

Sembrando semillas de duda

Esta es una manera disimulada de discutir, ya que puede parecer inocente y sutil. Este método de argumentación puede ser difícil de detectar a veces. Básicamente, la persona se enfoca en las debilidades e incertidumbres más pequeñas de tu argumento, sin tener en cuenta los beneficios mayores. Puede ser tan simple como formular una pregunta inocente, que tiene la intención de desarmar tu argumento.

Esta persona, esencialmente está tratando de socavar tu confianza en la solución que estás proponiendo. Está sembrando semillas de duda respecto a ciertas partes de tu argumento, sin importar si es una parte irrelevante del argumento.

Hay un caso bastante famoso del impacto que pueden tener las semillas de la duda en una discusión. Este caso fue expuesto por Cyril Northcote Parkinson en 1957 mientras estudiaba los procesos de toma de decisiones de un comité encargado de aprobar los planes de una planta de energía nuclear. El comité se estancó durante largos períodos de tiempo y al final no pudo completar la tarea porque no pudieron ponerse de acuerdo sobre el diseño de un cobertizo para bicicletas... sí, literalmente un cobertizo utilizado para guardar bicicletas cerca del reactor.

Este fue un verdadero caso de la incapacidad de ver el bosque por estar muy cerca de los árboles, y esto es lo que la gente hace cuando se siembran las semillas de la duda. En este caso se afirmaba que el cobertizo para bicicletas tenía problemas, y que debía ser puesto a debate, a pesar de que en términos generales el cobertizo no afecta en absoluto el plan general de la planta nuclear.

Las personas que siembran semillas de la duda en realidad no conocen o no entienden tu argumento. No se trata de la discusión o la lógica, se trata sólo de ganar una competencia imaginaria. Simplemente se aferran a la primera cosa que puedan encontrar como un posible defecto, con la esperanza de arruinar tu argumento general.

Por ejemplo, imagina que en tu ciudad estás proponiendo un nuevo sistema de transporte público basado en tranvías y metro, que suelen tener más beneficios que los autobuses tradicionales. Una de las personas que se opone probablemente no sea consciente de las ventajas en eficiencia que ofrecen estos sistemas, o el hecho de que muchos países de América del Sur y Europa ya están empleando sistemas similares con gran éxito.

Esta persona no se preocupa por todo eso. Todo lo que ve es que estás proponiendo un sistema que no le interesa. Eso es todo lo que necesita saber para discutir contigo.

¿Cuál es su argumento?

- *Pero estéticamente no son agradables. Y hacen ruido y perturban. Y...*

En otras palabras, esta persona realmente no se preocupa por la realidad práctica de dar con una solución. Todo lo que esta persona está buscando es algún tipo de debilidad o falla lógica en tu proposición. Sólo está tratando de hacer que dudes de tu argumento.

Si sospechas que alguien está tratando de sembrar la

semilla de la duda en ti, pídele que sea específico. Camina a través del proceso de pensamiento de por qué cree que un determinado curso de acción tiene más sentido en comparación con los demás. Y lo más importante, pregunta por qué su argumento es importante dentro del gran esquema de la propuesta general. Del mismo modo que inocentemente quisieron sembrar semillas de la duda, también puedes pedir inocentemente que expliquen su opinión.

Cuando se les pregunta por qué dudan, se pondrán a la defensiva. Tendrán que justificar su argumento irrelevante y al mismo tiempo parecer inteligentes. No hay espectáculo más divertido que alguien tratando desesperadamente de justificar un argumento que tiene base cero y al mismo tiempo intentar sonar inteligente.

Dado que los argumentos se basan en hechos y la lógica se pueden aplicar a estos hechos, usar sus dudas y pedirles que las expliquen es una estrategia ganadora. 9 de cada 10 veces estas personas sólo estarán dibujando castillos en el aire.

La táctica de sembrar las semillas de la duda se ha diseñado simplemente para hacerte tropezar, pero es muy fácil de contrarrestar. La persona que usa esta táctica en realidad está agarrando un clavo caliente.

Preguntas aclaratorias

A veces te encuentras con personas cuyo principal objetivo parece ser discutir contigo. No hay ninguna razón aparente para esto, solo que hay personas que disfrutan con esto. Para lo que digas, tendrán una respuesta sarcástica, y no hay manera de evitarlo. Cuando te encuentres con alguien así, tu mejor defensa es abrumarlos con preguntas aclaratorias.

Cuando una persona desafía algo que acabas de decir, casi siempre lo hace en forma de una afirmación. Por ejemplo:

- *Um, realmente dudo de que lo que acabas de decir sea cierto.*

Cuando alguien hace una afirmación, a menudo se entiende como un hecho. Así que si es un hecho, entonces, ¿dónde está la prueba que lo respalda? Aquí es cuando entran en juego las preguntas aclaratorias. Ya que están afirmando algo como un hecho, tienen que soportar la carga de demostrar que lo que dicen es correcto. Deben aclarar exactamente por qué lo que ellos piensan es lo correcto, y qué evidencia existe.

¿Qué les hace pensar que ellos tienen razón y tú estás equivocado?

- Oh, ¿Me puede decir por qué está mal lo que dije?

- ¿Dónde leíste eso?

- ¿Y en qué año se publicó ese estudio?

- ¿Y ese autor es en realidad una autoridad sobre el tema?

- Entonces, ¿Por qué crees que contradice lo que dije?

- ¿Qué parte exactamente está mal?

- Así que ¿Por qué estoy equivocado?

- ¿Dónde está la falla en mi lógica?

El objetivo aquí es obligar a la persona a reconocer su falta de conocimiento.

- Bueno, yo no lo recuerdo...

- Ese no es mi punto...

- Sí, eso es cierto también...

Muchas personas adoptan una mirada de superioridad cuando juzgan las posiciones de los demás. Lanzan todo tipo de etiquetas a los argumentos de los demás, como "inexacto", "mal", "loco", "exagerado", o "ignorantes". En realidad están en todo su derecho de hacerlo. Pero tú también estás en tu derecho de transferir la carga de las pruebas a ellos usando preguntas aclaratorias. Por lo general, cuando haces esto su mirada de superioridad se desvanece muy rápidamente.

¿Afirman que tu propuesta no es correcta? Pídeles que expliquen por qué piensan que está mal, en detalle, con evidencia. Dales la tarea de racionalizar su objeción para que deban responder punto por punto. En realidad, esto resulta beneficioso para ti, ya que tienes posibilidades adicionales de aclarar tu posición. Cuando la gente te ataca sin justificación o prueba, demuestran que están actuando emocionalmente. Las personas que son pensadores débiles a menudo hablan a través de sus emociones. Primero demuestran su descontento y su infelicidad, y posteriormente aplican la lógica. Cuando eres tú quien pone la lógica sobre la mesa, apareces como una persona madura e inteligente por tu manejo de la situación. Utiliza siempre la oportunidad de hacer preguntas aclaratorias. A quienes no puedan sostener tu desafío les saldrá el tiro por la culata.

Vencer al hombre de paja

Con esta táctica la persona busca fallas en tu argumento al simplificarlo en exceso o al llevarlo al extremo. De esta forma crea una nueva versión tergiversada de tu argumento y ataca esa versión. Con esta técnica ni siquiera se ataca tu argumento real, sino que una versión disfrazada, similar, sólo superficialmente. Permítame ilustrar.

- *Creo que hay que prohibir las armas en nuestro país.*

- *¿Entonces deseas deshacerte de cuchillos, clases de defensa personal y de cualquier manera posible en que la gente se pueda defender? Eso sólo empeorará las cosas!*

La segunda persona torció por completo las palabras de la primera persona, y crea un argumento de algo totalmente sin relación. Ese es el origen del hombre de paja: El oponente crea un argumento ilusorio, y por lo tanto de paja, falso, conjurado, que fácilmente te puede hacer perder la cabeza.

Una de razones por las que el segundo orador crea este argumento ilusorio es porque no entiende el argumento real, y por lo tanto no tiene una razón para oponerse a él. De esta forma crea una nueva versión del argumento que se pueda refutar fácilmente, y espera que el primer orador no note la diferencia. La técnica del hombre de paja es que pone palabras en la boca de la otra persona, y se burla de esas palabras. Veamos otro ejemplo de cómo funciona la técnica del hombre de paja. En lugar de tergiversar directamente una posición, simplemente se puede añadir un anexo al argumento original.

- *Estoy a favor de la prohibición de armas de fuego en este país.*
- *Oh, entonces eres una especie de Stalin moderno. Ya veo.*

Por supuesto, tú sabes que no eres un partidario de Stalin ni del fascismo. Stalin y el fascismo no están ni remotamente relacionados con el tema de la prohibición de armas de fuego. Pero la persona pone esas palabras en tu boca para tratar de desacreditarte y volverte un blanco fácil. Tu punto de vista ha sido distorsionado hacia algo que es universalmente rechazado y menospreciado. La mayoría de la gente encontrará ofensivo todo lo que tenga relación con Stalin y con el fascismo.

Por supuesto, este es un argumento emocional de su parte y claramente no tiene mucha lógica. El hombre de paja es muy débil, y por lo general es relativamente fácil de identificar y de derrotar.

Cuando no estés seguro de si te enfrentas a un hombre de paja, simplemente hazte las siguientes preguntas: ¿Cuál fue el punto del que estaba hablando? ¿Esa conclusión final tiene relación con lo que dije?

La mejor forma de contrarrestar esta táctica es dar a conocer que están recurriendo al hombre de paja, porque no pueden argumentar a tu nivel. Recuerda, que cuando alguien usa la táctica del hombre de paja tiene el único propósito de hacerte quedar mal. Esa persona está mintiendo a propósito y tergiversando tu posición de modo que pueda arruinarla. No tengas miedo de tomar la ofensiva y hacérselos saber.

Las falacias lógicas son muy comunes en cualquier discusión, por lo que en el siguiente capítulo profundizaremos en su uso y su defensa.

Falacias lógicas

Una falacia lógica es un patrón de razonamiento que suena lógico, pero en realidad es completamente ilógico. Las falacias son peligrosas debido a que tienen la apariencia de ser razonables y con frecuencia las personas que las utilizan no son conscientes de hacerlo.

Como ya hemos visto, uno de los más famosos errores lógicos se llama el *argumento del hombre de paja*. Un argumento de hombre de paja es cuando se reformula completamente el argumento del oponente para luego refutarlo, sin embargo, la reformulación es incorrecta y falsa. A continuación veremos otros cuatro lógicos comúnmente usados en las conversaciones difíciles, y los métodos para defenderse de ellos.

Falacia de la carga de la prueba

La falacia de la carga de la prueba es una atribución errónea de que tienes que demostrar algo en una discusión. Se asume que la persona que está tratando de *"refutar"* una afirmación tiene la carga de la prueba, pero eso no es correcto. Lo correcto es que la persona que hizo la afirmación es quien tiene la carga de la prueba.

Al usar esta falacia, la persona que habló primero tendría la ventaja en cualquier discusión porque tú tendrías que demostrar que está equivocada.

Para ilustrarlo tomemos el siguiente ejemplo. Yo digo que los extraterrestres viven entre nosotros escondidos como lagartos y delfines. Como nadie puede proporcionar pruebas de que lo que digo es incorrecto, mi declaración es verdadera y válida. "Nadie puede demostrar que estoy equivocado, así que estoy en lo correcto".

¿Cómo se puede derrotar a esta falacia?

La mejor forma de defenderse de esta falacia, es usarla en contra de la persona que la está aplicando. Comienza a hacer afirmaciones descabelladas sobre su carácter, y observa cómo reaccionan cuando no pueden ofrecer pruebas inmediatas de lo contrario.

Falacia del término medio

Esta falacia ocurre cuando alguien define el punto medio entre dos puntos de vista como la verdad absoluta en la materia. Por ejemplo, yo podría decir que el uso de ropa de color verde hace que la gente piense con mucha más claridad. Mi amigo no está de acuerdo y afirma que leyó un estudio en el que el color de la ropa no afecta las facultades mentales. Alguien que utilice esta falacia dirá que el uso de ropa de color verde mejora sólo de forma moderada el enfoque.

Como puedes ver, la falacia término medio inventa un argumento de la nada. Parece ser lógico, ya que toma en consideración dos posiciones, pero genera un argumento sin sentido. El punto medio por lo general no tiene relación con los argumentos.

¿Cómo defiendes contra esta falacia?

Pregunta cuál es la relevancia del punto medio con los verdaderos argumentos. Resalta el hecho de que el punto medio sólo existe como un punto de referencia, y no tiene ningún valor sustancial. Sólo es un compromiso conceptual, y no una interpretación literal.

Falacia de la petición de principios

Esta falacia es cuando alguien hace una afirmación porque cree que la conclusión es cierta. Es un razonamiento circular, ya que no hay ninguna base para la conclusión.

Digamos que yo digo que un determinado cantante es la persona más popular en el mundo, porque todo el mundo sabe su nombre. Es una declaración que casi tiene sentido porque es consistente, pero en realidad no significa nada, ya que la conclusión se da en el supuesto.

La gente usa esta falacia con la esperanza de validar una hipótesis en la que cree con fuerza, pero que no tiene ningún fundamento lógico. Normalmente esta falacia es utilizada por aquellas personas que probablemente se sienten acorraladas y no puede pensar en otra cosa que decir.

¿Cómo te defiendes contra esta falacia?

Al hacer a una pregunta tras otra sobre su declaración. Cava un agujero profundo, para y observa cómo tratan de salir. Deja en claro que están repitiendo la conclusión en vez de presentar pruebas.

Falacia de la pendiente resbaladiza

Esta falacia ocurre cuando alguien asume una larga secuencia de eventos, por lo que será inevitable que una situación particular ocurra. Se utiliza con frecuencia en la política para tratar de aumentar el impacto de los mensajes, y opera desde el miedo a las consecuencias lejanas.

Por ejemplo: "Si no invertimos en armas nos convertiremos en personas débiles y seremos el blanco preferido de los delincuentes".

La falacia se basa en una serie de suposiciones que probablemente no son verdad, y por lo general son sensacionalistas. ¿Dónde está la conexión lógica entre no invertir en armas y convertirse en una persona débil? Posteriormente, ¿Cuál es la conexión lógica entre convertirse en una persona débil y ser el blanco de los delincuentes? ¿Cómo defiendes contra esta falacia? Haciendo lo que acabo de hacer. Intentando trazar las conexiones lógicas desde A a B, y luego de B a C, y así sucesivamente. La falacia de la pendiente resbaladiza a menudo va directamente desde A a la Z, pasando por alto los pasos intermedios.

Hemos aprendido a defendernos de los trucos sucios de las principales falacias lógicas, pero no siempre en una conversación difícil serás sometido a este tipo de ataques de forma intencionada. En el siguiente capítulo aprenderás lo que puedes hacer para enfrentar y suavizar una conversación difícil.

CAPÍTULO 4
CONSEJOS PARA ENFRENTAR UNA CONVERSACIÓN DIFÍCIL

E n uno de mis primeros trabajos tuve el privilegio de disponer de estacionamientos asignados para el personal. En realidad estaba muy contento porque era bastante cómodo. El problema surgió un mes después de que se habilitaran los estacionamientos. Un vehículo rojo se estacionaba en mi lugar cada mañana, y me obligaba a buscar otro estacionamiento cada mañana.

Era un recinto pequeño, por lo que no tenía que caminar mucho más, pero era la intención lo que me molestaba. El conductor del vehículo rojo era intencional y malintencionado al estacionarse en mi lugar, a pesar de que sabía que estaba asignado a otra persona. ¿Qué clase de persona haría algo así? Era incomprensible para mí que alguien pudiera tener tanta falta de respeto.

Empecé a llegar antes sólo para tratar de capturar al culpable, pero parecía que el vehículo siempre estaba ahí antes que yo. Durante semanas mis amigos vieron lo enojado que estaba con el conductor del vehículo rojo. En mi opinión, la maldad de ese delincuente crecía día a día.

En mi obsesión de exponer a esta persona, un frío lunes por la mañana llegué a trabajar 90 minutos antes, y finalmente logré estacionar en mi espacio vacío. Cuando finalmente vi al delincuente, digamos que no era del todo como yo esperaba. Era el conserje de la empresa. Tenía unos 65 años de edad y casi no hablaba mi idioma. Estaba claro que aunque hubiera sido informado por la administración de la empresa sobre los estacionamientos reservados, difícilmente lo hubiera comprendido. Estacionó junto a mí, y cuando bajó de su automóvil lo recibí con unos buenos días. Por supuesto, él respondió sonriendo y asintiendo con la cabeza. Empecé a replantearme seriamente toda mi ira mal dirigida de las últimas semanas. Este es un libro sobre conversaciones difíciles y cómo manejar la confrontación con gracia y minimizar la tensión. Hay muchos pasos que ocurren antes de iniciar una conversación difícil, y esta situación, con el lugar de estacionamiento, demuestra claramente un par muy importantes.

En primer lugar, me habría ahorrado un montón de emociones y rabia innecesaria si hubiera sido capaz de separar la intención. En otras palabras, pensé que sólo porque alguien hizo algo, significaba que me quería ofender. Esta es una forma tóxica de pensamiento e ignora completamente el hecho de que la mayoría de nosotros no somos mal intencionados cada día.

En segundo lugar, cuando crees que estás totalmente en lo cierto, probablemente no lo estés. Existen tres versiones de una historia: Tú historia, la historia de la otra parte, y la tercera historia. La tercera historia es la secuencia real de los acontecimientos. Antes y durante una conversación difícil, este debe ser el enfoque principal en lugar de arremeter contra la otra persona.

Mucha gente ve la confrontación y el conflicto como eventos grandes y raros, pero la verdad es que la mayor parte de nuestros conflictos surgen de situaciones cotidianas. Conocer la forma de abordar esas situaciones con las tácticas de conversación puede eliminar la ansiedad y la tensión de tu vida.

Por suerte para mí y para el conserje, fui capaz de controlarme antes de convertir mi rabia en algo dañino y embarazoso.

Por qué enfrentar las conversaciones difíciles

No importa lo encantador que seas, no todas las conversaciones en las que participes serán un placer. Puede ser porque no le agradas a la persona con la que estás hablando, o simplemente porque algunas conversaciones son difíciles por naturaleza, por ejemplo, nunca es fácil cuando tienes que decirle a tu pareja que necesitas más espacio para ti. Sabes lo que quieres decir y conoces el mensaje que quieres transmitir, pero hay tantos errores posibles cuando se involucran las emociones, que la gente se lastima, se ponen a la defensiva, y se sienten juzgados.

Una parte importante de ser un buen conversador es tener la capacidad de manejar las conversaciones difíciles cuando surgen, o cuando "necesitan" surgir. Lo admitas o no, la habilidad conversacional es una habilidad importante que te puede conducir a un ascenso en tu trabajo y a relaciones más gratificantes en tu vida, o a un trabajo sin futuro y a una serie de relaciones fallidas.

Conversaciones difíciles te harán un mejor comunicador

Una gran ventaja de enfrentar conscientemente las conversaciones difíciles es que aprenderás a expresar exactamente lo que quieres y al mismo tiempo que la gente se sienta escuchada. Estos son los bloques de construcción de los grandes comunicadores.

La confrontación se debe manejar con cuidado. Es necesario darse cuenta de los grandes picos emocionales. Aprender a tratar con aquello es una arte, y debes aprender a eliminar el ego y el orgullo, que son perjudiciales para la comunicación honesta.

El dominio de las conversaciones difíciles te permitirá aprender a leer a la gente y saber exactamente lo que puedes y no puedes decir en determinados momentos. Serás capaz de crear una sensación de seguridad en todos los ámbitos de tu vida.

Disipar la tensión antes de que aumente

Otra gran razón para el dominio de las conversaciones difíciles es que te permiten disipar las tensiones antes de que lleguen a niveles peligrosos. Las emociones sólo se pueden suprimir por cortos periodos de tiempo, y esta es la razón de por qué la gente parece explotar de repente con situaciones triviales.

Cada persona tiene una cantidad finita de tensión que puede suprimir antes de expresar sus emociones de una forma u otra. Las peores conversaciones se producen porque uno de los participantes ha hecho su máximo esfuerzo para evitarla. Prolongan el proceso y esperan poder enterrar sus emociones, o bien que la situación se disipe por arte de magia. Una simple conversación con tu pareja sobre el lavado de los platos puede generar una serie de resentimientos si no se resuelve desde el primer día y se deja que el tiempo pase.

Evitar el comportamiento agresivo pasivo

El comportamiento agresivo pasivo es un comportamiento tóxico que se produce cuando intentas suprimir tu insatisfacción de alguna forma. La agresión pasiva es algo que escapa a tus filtros mentales y es imposible de reprimir en su totalidad, y es la forma en que haces que las personas sepan que estás molesto.

Cuanto más tiempo resistas una situación que te molesta, más tensión se acumula en tu interior, y se produce el comportamiento agresivo pasivo. Más temprano que tarde no podrás evitar comenzar a lanzar estas pequeñas dagas que tienen la capacidad de poner fin a las amistades y a las relaciones. Generalmente ni siquiera puedes evitarlo. Darás un golpe personal aquí, harás un comentario sarcástico allí, o un acto deliberado cuestionable por allá. La tensión que sientes es como un globo que se infla cada día más. El hábito de la agresión pasiva se filtra en nuestra forma de pensar y a veces se apodera de todo el tono de la relación.

La simple decisión de tratar directamente las conversaciones difíciles puede abrir las puertas para que elimines totalmente las estrategias de agresión pasiva en todas las áreas de tu vida.

La confrontación es positiva

La confrontación es saludable y positiva. Te desafía a dar tu mejor esfuerzo en todo momento, incluso cuando no lo deseas. No debes evitarla, ya que puede ser tu mejor maestro. Si no enfrentas una conversación difícil en el momento adecuado, posteriormente tendrás que enfrentar una versión ampliada y reforzada de esa conversación. Lamentablemente, al evitar la confrontación sólo estás haciendo las cosas más difíciles al esperar que las cosas se solucionen por arte de magia. Eso nunca ocurre.

Defiende tu posición y no tengas miedo de ser el primero en hablar. La confrontación es la forma en que haces saber a las personas que las respetas y que también eres digno de su respeto. A través de las conversaciones difíciles haces que la gente vea la realidad desde una perspectiva distinta, una perspectiva que son incapaces de adoptar hasta ese momento. Las personas probablemente necesitan ver otro ángulo y otra historia, y no son capaces de hacerlo por sí mismos.

Lo que tengas que decir puede ser desagradable, y puede

ser la última cosa que quieran oír, pero recuerda que les estás haciendo un favor al mostrarles tu perspectiva. Esta puede ser la llamada de atención que necesitan. Por lo general puede ser desagradable, pero es absolutamente necesario. No tengas miedo de ser la persona que les da ese mensaje.

Hacer frente a lo inevitable

Cuando intentas suprimir las verdades incómodas o las malas noticias, no estás haciendo ningún favor a nadie. Aunque barras la basura bajo la alfombra, la basura seguirá allí. La peor parte es que acumularás presión a tal grado, que cuando finalmente explotes causarás mucho más dolor a las personas que pensaste que estabas protegiendo.

Hazte un favor y ventila las verdades incómodas ahora, mientras aún son pequeñas. Las conversaciones difíciles pueden parecer como una cuerda floja imposible de caminar, pero en realidad sólo es cuestión de técnica y finura. Todo lo que necesita es una frase aquí o allá para hacer la diferencia en el mensaje que estás transmitiendo. Las conversaciones difíciles aseguran que las relaciones se construyan sobre la roca sólida de la honestidad. ¿Cómo te sentirías si tu amiga te revela que ella ha odiado comer contigo durante los últimos cinco años debido a tus modales? Es probable que eso sea algo que hubieras preferido escuchar y rectificar hace cinco años. Los últimos cinco años de esa relación podrían sentirse como una mentira.

Cuando mantienes conversaciones completas y abiertas, las relaciones florecen porque se basan en la confianza mutua y el respeto. La honestidad es el combustible de una relación madura y sólida. La verdad puede liberarte, a pesar de que sin duda puede ser incómoda al principio.

Concesión de validación emocional y lógica

El primer paso para cualquier conversación difícil es conceder a la otra persona un nivel de validación emocional y lógica, sin importar las circunstancias. Es un requisito previo para el diálogo. La validación debe estar presente en la conversación o se hundirá inmediatamente.

¿Qué significa esto?

La validación es cuando reconoces lo que la otra persona está diciendo y le haces saber que no piensas que es estúpida o desconsiderada. Lo que causó el conflicto fue una diferente interpretación de los eventos, y es válido que ambos tengan diferentes interpretaciones. El hecho de que pienses que algo es válido no necesariamente significa que estás con esa persona. Simplemente quiere decir que reconoces la perspectiva de esa persona.

Esto es algo que debes transmitir al principio. Si no lo haces, corres el riesgo de que alguien actúe en forma acusatoria, como: "estás equivocado, tú eres el culpable", a lo que la mayoría de la gente responderá poniéndose a la defensiva, cerrándose a escuchar y descartando por completo cualquier acuerdo.

La validación emocional y la validación lógica caminan de la mano. Si eres capaz de validar a una persona en estos dos aspectos, estarás poniendo la conversación en un contexto positivo y de respeto.

Validación lógica

La validación lógica es cuando la gente siente que entiendes cómo llegaron a su conclusión. Te muestras como una persona razonable y haces que se sientan comprendidos. Se tratan los diferentes hechos enlazándolos con el proceso lógico de la persona, y también reconoces cómo tus acciones han contribuido a llevar la relación al punto actual. Demuestras que entiendes cómo llegaron de A a B.

Estás generalmente diciendo, "Sí, tiene sentido, y si yo estuviera en tus zapatos llegaría a la misma conclusión que tu".

Hay un par de puntos importantes aquí. En primer lugar, le das a la persona un motivo para bajar la guardia, ya que simplemente admites que contribuiste al problema. Ningún problema es causado en el 100% por una de las partes, por lo que es probable que tengas algún grado de responsabilidad. En segundo lugar, reconoces que no lo estás juzgando. Esto tiene un gran impacto en quien te está escuchando.

La gente por lo general se tiene que esforzar mucho para hablar de asuntos difíciles o cuando se sienten atacados. Cuando desde el inicio reconoces que son lógicamente razonables, podrás ver una calma visible en su rostro, e incluso podrás notar la relajación de su cuerpo. Esto se debe a que ahora saben que sólo se trata de una conversación tranquila, en que no serán atacados. ¿Puedes imaginar lo que sucede cuando no validas desde el inicio la lógica de la otra persona?

Validación emocional

El otro lado de la ecuación está en el ámbito de los sentimientos. No puedes simplemente tratar a alguien en base a la lógica de sus acciones. También tienes que hacer frente a su reacción emocional. En esta parte tienes que andar con mucho más cuidado.

La validación emocional consiste en reconocer y respetar los sentimientos de la otra persona. Cuando la validación lógica dice "entiendo por qué llegaste a esa conclusión", la validación emocional dice "simpatizo con tus emociones porque me sentiría de la misma manera si fuera tú".

Hazle saber en términos muy claros a la otra persona que

no consideras que está loca ni que es irracional por sentirse de esa forma. Las conversaciones se hacen difíciles debido a las emociones inherentes. En otras palabras, la mayoría de las reacciones no tienen en cuenta el hecho de que cada parte está tratando de actuar de manera razonable y sin malicia. Pero eso es difícil de enfocar cuando la gente está molesta. Al validar a una persona emocionalmente puedes reducir una situación de ataque a un simple malentendido. Al igual que con la validación lógica, esto sirve para desarmar a la gente y hacer que sea más fácil que te escuchen.

A nadie le gusta cuando se los pinta como locos o emocionalmente inestables, por lo que hay que evitar transmitir ese mensaje. En la validación emocional debes ser capaz de tomar en consideración la historia de la gente y sentir sinceramente cómo sus circunstancias afectan su percepción de las cosas.

Validar correctamente

¿Cuál es el propósito de validar a alguien al principio de una conversación difícil?

Esto pone a las personas en una posición desde la que pueden escuchar. Se crea la posibilidad de un diálogo a diferencia de una discusión en que cada parte arroja sus argumentos a la otra.

La validación también desplaza parte de la culpa a uno mismo, lo cual demuestra un grado de responsabilidad que hace que las personas sientan que el problema en cuestión puede ser resuelto. Haz todo lo posible por establecer una base sólida de validación emocional y lógica al principio de la conversación. Si no puedes, lo más probable es que te estés mintiendo a ti mismo en tu obstinación de no admitir ninguna culpa. La otra persona puede sentir que está perdiendo el tiempo al hablar contigo, y probablemente tenga razón.

Puedes pensar que al hacer esto estás dejando de lado tus principios, pero ese es exactamente el tipo de mentalidad que conduce a conflictos explosivos con difícil solución. No se trata de decir lo que quieren oír, sino que estás preparando el escenario para lo que quieres decir.

Encuentra la tercera versión de la historia

Recuerdo una vez que iba caminando por una acera un poco estrecha. Me estaba poniendo al día por teléfono con un amigo y no me di cuenta que estaba caminando demasiado lento. Eso debe haber sido muy frustrante para las personas detrás de mí, y no fue hasta que uno de ellos groseramente me empujó y me maldijo que rompí mi trance.

Le dije a mi amigo que me molestaba que las personas fueran tan groseras y que no pudieran esperar dos segundos para pasar por mi lado sin empujarme. No fue hasta más tarde esa noche que me di cuenta de que a pesar de que no podía ver la fila que se formó detrás de mí, que yo era el culpable de obstaculizar a las personas en la acera.

¿Cómo se relaciona esto con las conversaciones difíciles? A veces pensamos que estamos completamente en lo correcto y sólo somos víctimas de un malentendido. Esa es tu historia. Y al igual que yo en la acera, la verdadera raíz de cualquier conversación difícil es una tercera historia, una versión en la que ambas partes están bien y mal en diversos grados que van del 1% al 99%.

Encontrar la tercera versión

Cuando estás teniendo una conversación difícil con alguien, lo primero que debes hacer después de que se haya establecido la validación lógica y emocional, es buscar esa tercera historia. La suposición inherente aquí es que ambas partes están mal y han mal interpretado la situación, y simplemente están buscando donde se produjo esa desconexión.

La tercera historia es la explicación que da cuenta de por qué una de las partes está herida o disgustada y todos los factores de cada parte que han contribuido a ello. Por ejemplo, la tercera historia de mi experiencia en la acera es que no me di cuenta que estaba caminando demasiado lento, y alguien estaba teniendo un mal día, por lo que sintió la necesidad de empujarme para llegar a su destino con mayor rapidez.

Como puedes ver, la tercera historia es contada a través de la perspectiva de una tercera parte inocente, que no tiene ningún interés en el resultado. Esa tercera persona es completamente imparcial.

Haz de cuenta que hay una tercera persona en la habitación e imagina lo que diría. ¿Cómo percibiría la situación un juez o mediador en base a las pruebas presentadas por ambas partes? La tercera historia integra elementos de ambas historias, pero no proyecta culpa a ninguna de las partes. Simplemente crea razones para dar cuenta de las reacciones que cada parte ha tenido. De esta manera, nunca estás 100% del tiempo en lo correcto y siempre tienes una cuota de la culpa.

Si eres capaz de aceptar esto, entonces la tercera historia es posible. Si vas a eliminar cualquier posibilidad de equivocarte, entonces no vas a hallar la tercera historia. Si realmente quieres convertirte en un maestro de las conversaciones difíciles, tienes que acostumbrarte a la posibilidad de que en cualquier confrontación puedes estar al menos el 1% equivocado.

Para encontrar la tercera historia tienes que tratar de reconstruir todo como lo haría un periodista. Pregúntate exactamente qué hiciste y por qué la otra persona se siente de esa manera. ¿Qué otra versión de la historia existe de la que no se han dado cuenta? Al poner todos los hechos de ambas partes sobre la mesa, podrás volver a montar todo como si fuera un rompecabezas. La belleza de la tercera historia es que deja de lado la mala costumbre de buscar culpables. A la gente no le gusta estar equivocada. Todo el mundo quiere tener la razón. Pero ahora la conversación ya no se trata de conflictos sino de soluciones. Al reconocer cómo los demás ven el tema, centrarte en el proceso, y dejar que ellos también vean cómo llegaron a ciertas conclusiones, serán los pasos para armar una tercera historia.

El beneficio de la duda

Sé que para algunas personas esto puede ser difícil de aceptar, pero hay que tragarse el orgullo y asumir que no hay nada malo con la otra persona, ni mental ni emocionalmente.

El siguiente consejo difícil de tragar es que de alguna manera tú causaste el problema y que la otra parte probablemente es tan razonable como tú. Siempre asume esto. Sin esta forma de pensar, la tercera historia no se va a materializar. Tu propia percepción de quién es la otra persona se interpone en el camino de unir las piezas para crear una tercera historia juntos.

La tercera historia se trata realmente sobre comparación. Cuando compares lado a lado las versiones de ambas partes y sus conclusiones, recién podrás ver dónde se encuentra la falta de conexión y donde hay coincidencias. El punto de coincidencia es la plataforma de lanzamiento para comenzar a desarrollar la tercera historia. Las siguientes son algunas frases útiles para utilizar en el desarrollo de la tercera historia:

- ¿Podemos empezar desde el principio y averiguar lo que pasó?

- ¿Qué nos hace reaccionar de esta manera en esta situación?

- Entonces, ¿Qué hice para que te sientas de esa manera?

- ¿Qué diría alguien que sólo observaba lo que pasó?

Impacto e intención

El año pasado, una de mis amigas pasó por un período de aumento de peso debido a un problema de tiroides. En una oportunidad se encontró con un antiguo amigo de la universidad, al que no había visto en años, y este amigo dijo lo peor que pudo haber dicho: *"Estás embarazada! ¿Cuándo nace el bebé?"*

Esto, obviamente, no cayó bien, pero ilustra la diferencia entre el impacto y la intención. Cuando te enfrentas a una situación negativa, las consecuencias de la situación son el impacto, y la intención es tu creencia sobre si la persona quiso infligir daño o no. Por desgracia, la mayor parte del tiempo suponemos que la intención coincide con el impacto. En otras palabras, mi amiga probablemente supuso que el impacto negativo de ser llamada gorda coincide con la intención de su amigo, pero seguramente eso está muy lejos de la verdad.

Cuando alguien hace o dice algo desagradable para ti, puede ser difícil separar la intención del impacto. En la mayoría de los casos, las personas no están siendo dañinas o mal intencionadas, sino que ni siquiera se dan cuenta.

Trata de concentrarte en la separación entre estos dos factores para que puedas tomar cierta distancia emocional del tema en discusión. Esto te ahorrará un largo camino en tus esfuerzos al mantener conversaciones difíciles con las personas.

En la gran mayoría de los casos, la intención del autor no siempre se alinea con el impacto en la víctima. Las personas con buenas intenciones inadvertidamente crean circunstancias negativas todos los días, pero eso no las convierte en malas personas.

Las personas operan sobre el impacto

La triste realidad es que el mundo sólo se preocupa por el impacto de tus acciones y no de tus intenciones. ¿Tus calificaciones en la universidad dependen del hecho de que sabías la respuesta, pero te equivocaste al escribir? ¿El logro de tus objetivos depende de que tenías ganas de hacer algo, pero en su lugar decidiste ir a ver una película? No y no. No te dan crédito adicional por pensar lo correcto. El mundo sólo se preocupa por los resultados que entregas.

Es poco probable que alguien pueda averiguar exactamente lo que estás pensando en un momento determinado. Nadie puede leer tu mente. Cuando estás pensando en tener una conversación difícil con alguien, enfócate en la separación entre el impacto y la intención. Concéntrate en lo que realmente se dijo, y sólo eso, no en cómo te hizo sentir al respecto.

No trates de leer la intención en lo que sucedió. En la mayoría de los casos, no conocerás lo suficiente a las personas. Piensa en lo molesto que es cuando la gente juzga tus acciones, asumiendo que querías decir algo de una manera cuando tu intención era todo lo contrario.

Cuando estés teniendo una conversación difícil por algo que hiciste, no asumas automáticamente que la gente puede ver dentro de tu cabeza y averiguar cuáles eran tus intenciones. Las personas sólo pueden juzgar en base a las acciones que pueden ver.

Asumir las buenas intenciones

Esfuérzate por iniciar las conversaciones difíciles con la pasión de intenciones positivas, o al menos neutrales, frente al impacto negativo. En el peor de los casos, asume la ignorancia y falta de cuidado de parte de la otra persona, en vez de maldad. Esto diluirá los pensamientos negativos en tu mente y te ayudará a concentrarte en los hechos de la situación de manera más objetiva.

Las siguientes son algunas frases para intentar aclarar las intenciones y minimizar el impacto:
- Yo sé que no significa eso, ¿Verdad?
- ¿Cuál fue tu propósito o la intención detrás de eso?
- Yo no sabía que lo habías interpretado de esa manera.
- Cuando dijiste X, ¿A qué te referías?
- ¿Eras consciente de que yo podría verlo como X?

Siempre intenta comenzar las conversaciones difíciles desde la base de que la maldad no está en la ecuación y sólo se trata de falta de comunicación.

Encontrar las causas

En lugar de enfocarte en los síntomas de un problema, debes enfocarte en la causa raíz de ese problema para evitar que se vuelva a repetir en el tiempo. Si sólo te enfocas en calmar el dolor emocional de una persona, no estarás arreglando el problema real. Si tratas con las molestias superficiales de las personas, no harás que el problema desaparezca, y en el futuro cualquier insignificancia hará que tengas que pasar por el mismo ritual otra vez.

Por ejemplo, cuando le compras a tu pareja un regalo extravagante para compensar que olvidaste su cumpleaños, te estás ocupando de un síntoma. Hacer frente a la raíz del problema consiste en asegurarte de que tienes las alarmas adecuadas para que te recuerden las fechas importantes para ser una mejor pareja.

Mediante la identificación del problema raíz, independientemente de cuan incómodo sea, te aseguras un futuro más libre de conflictos.

Es posible que tengas una amiga que está molesta con tu falta de atención reciente. Probablemente desees resolver el problema dedicándole un día completo. Esto ayudará, pero no aborda la causa de por qué se siente abandonada. No vas a resolver el problema de esa manera. En su lugar, debes estar dispuestos a evaluar tu propia contribución a la causa raíz. ¿Qué hiciste para que se sintiera así?

El tacto

A las personas les gusta imaginar que hay frases que transmiten su mensaje de forma eficaz, y al mismo tiempo son tan sutiles que no causan confrontación. Lamentablemente, eso es imposible. Si tú también estás en la búsqueda de un truco mental Jedi como ese, lamento decir que perderás todo tu tiempo. Es como romper una relación con alguien. Nos demoramos porque queremos encontrar el momento adecuado y las palabras correctas, pero cuando entregas ese tipo de noticias las palabras casi no importan.

A pesar de esto, debes poseer tacto en una conversación difícil y no dejar caer tus palabras como un mazo sobre la gente. El tacto consiste en ser capaz de transmitir tu mensaje minimizando el impacto emocional. Necesitas encontrar el contexto adecuado y establecer el estado de ánimo adecuado.

Tener tacto no significa ser deshonesto u ocultar las cosas. El tacto es cuestión de encuadre, de perspectiva y de entrega. Se requiere de un mapa de las muchas direcciones que tu discurso puede tomar y cómo podrían afectar al oyente. La mayoría de la gente simplemente va directamente al grano y en realidad no se preocupan por el impacto. Desde su punto de vista, esa es la forma más rápida de ir desde el punto A al punto B, y comúnmente se le llama "diarrea verbal". Sin embargo, desde la perspectiva del oyente, esta estrategia puede ser bastante ofensiva, irritante y puede producir situaciones explosivas. La forma más simple y directa no siempre es la mejor forma para decir algo si quieres hablar con tacto.

No hay un momento perfecto

Nunca habrá un momento perfecto para transmitir noticias dolorosas o verdades incómodas. Al evitar una situación mientras esperas el momento perfecto, sólo estás dilatando la situación haciéndola crecer día a día. Tienes que aprender a soportar la tensión y el malestar asociado con la confrontación. Ya hemos hablado de por qué algo de confrontación es saludable para tus relaciones. Sin embargo, a pesar de que no existe un momento perfecto, sí existen malos momentos. Por ejemplo, no es una buena idea tener una conversación difícil con alguien, que implica verdades muy incómodas en público o delante de otras personas. Es una mala idea tener una conversación difícil con alguien cuando ya está teniendo un momento difícil, o cuando ya se siente muy mal por alguna otra cosa. No inicies una conversación difícil justo antes de ir a algún lugar público, o a lugares que podrían necesitar de concentración o enfoque, por ejemplo, antes de una presentación en el trabajo.

Así que aunque debemos aceptar que inevitablemente tendrás una incidencia en el estado de ánimo y mental de una persona, debes tener tacto para no elegir un momento inadecuado para comenzar la conversación.

Evitar el uso de "tu"

Cuando estés entregando una dura realidad a un oyente, trata de evitar el uso de la palabra "tu" y usa tanto como sea posible la palabra "yo". Esta es una diferencia sutil, pero las personas se darán cuenta de forma inmediata. Es la diferencia entre la creación de la culpa y la apertura a un diálogo.

Cuando utilizas la palabra "tu", implícitamente estás acusando al oyente, y por lo general, se pone inmediatamente a la defensiva. Una vez que las personas escuchen la frase "tu hiciste esto...", dejan de escuchar y comienzan a formular su defensa.

Cuando compartas tu perspectiva en una conversación difícil, comienza diciendo "yo me siento..." y deja en claro que no son hechos, sino que son tus opiniones, y que deseas la oportunidad de aclarar las cosas antes de que empeoren. De esta manera disminuyes el impacto negativo de lo que tienes que decir.

Cuando pones las cosas como opiniones que se pueden cambiar, entonces allanas el camino para crear la tercera historia y dejas la puerta abierta para encontrar un acuerdo.

Si comienzas con la palabra "tu" y luego dices "esto sucedió" o "esto es un hecho", sólo estás haciendo las cosas mucho más difíciles para ti mismo. Cuando enfrentas una conversación difícil como si estuvieras pidiendo ayuda a la otra persona para aclarar un problema, estás invitando a un diálogo e invitando a una solución. Por otro lado, si estás indicando que algo pasó y hablas de las consecuencias que causaron sus acciones, sólo estás buscando una pelea.

Utiliza las siguientes frases como amortiguador: "escucho lo que estás diciendo..." o "nunca pensé en eso..." o "No tenía idea de que te había afectado de esa manera...". De esta forma reconoces que lo que esa persona tiene que decir es válido y que estás escuchando.

Esto no quiere decir que estés comprometiendo tu posición. Lo único que estás haciendo es hablar de tal manera que se puede tener un verdadero diálogo de dos vías en lugar de una discusión.

Sándwich de críticas

Muchas personas tienen la idea equivocada de que una conversación difícil es una catarsis para soltar todo lo que han estado soportando en silencio durante semanas o incluso meses. Lamentablemente este enfoque no permite crear un dialogo y menos encontrar una solución mutuamente beneficiosa.

Un sándwich de críticas no es algo que se come, sino que es una poderosa técnica para comunicar un hecho desagradable. Por ejemplo, si eres un supervisor que debe dar una evaluación de desempeño a un subordinado puedes elegir una de dos opciones. Puedes criticar directamente a esa persona, o puedes empezar con los elementos positivos, luego discutir las áreas de mejora, y luego terminar con una lista de otros atributos positivos. En la primera opción entras de lleno en la negatividad y pones a las personas en una posición defensiva. En la segunda opción comienzas con algo positivo, lo que baja la guardia de la gente, luego hablas con tacto sobre tus preocupaciones sobre su desempeño, y luego terminas de manera positiva para que la persona no se vaya con un bajo sentido de autoestima.

¿Qué técnica consideras que será más efectiva?

El sándwich de críticas utiliza elementos positivos para amortiguar el golpe de los asuntos que puedan ser percibidos como negativos. Por ejemplo, "lo estás haciendo muy bien, y debes trabajar en mejorar lo siguiente... Pero en resumen, te has acoplado muy bien al equipo y eres un aporte", o "realmente aprecio todo el trabajo que has estado haciendo en la casa, y me gustaría que también te encargaras de la limpieza de tu habitación. Pero en serio, me puse muy feliz cuando vi que limpiaste el coche la semana pasada".

Atenerse a los hechos

Por muy tentador que pueda parecer usar conjeturas y suposiciones, debes esforzarte por adherirte a los hechos. Nunca asignes intenciones a las personas o cuestiones sus motivaciones. Simplemente no puedes saber este tipo de cosas, por lo que puede ser perjudicial e incluso casi un insulto que lo hagas.

Imagínate que has dejado accidentalmente la chaqueta favorita de tu amigo en un restaurante y se perdió para siempre. ¿Cuán ofendido y molesto te sentirías si tu amigo luego te acusa de haberla perdido intencionalmente, ya que siempre has estado celoso de su apariencia? ¿O si da a entender que siempre has sido poco confiable, por lo que nunca debió dejarla contigo?

Esta es la peor forma de acusar a alguien y donde había un problema, ahora hay dos: la chaqueta y las implicaciones de tu carácter.

El encuadre de lo que estás diciendo debe ser desde la perspectiva de la colaboración, la solución conjunta de problemas y de ayuda mutua. Incluso si lo que dices es cierto, las personas a menudo ya son conscientes de sus deficiencias y no necesitan oírlas de ti.

Presta atención a la forma en que describes las cosas. Si hay algo que huele a parcialidad o una caracterización injusta, seguramente esa conversación no saldrá bien para ti y tu mensaje será rechazado.

Ejemplos y ejemplos

No es suficiente llegar a la conversación con una vaga sensación de insatisfacción. Cuando alguien llega y dice "no sé, simplemente no me hace sentir bien" o "no sé cuándo ocurrió, pero ha pasado varias veces" ¿Qué tan creíble crees que será?

En primer lugar, podría parecer que esa persona sólo disfruta de lloriquear si no puede respaldar ninguna de sus afirmaciones. En segundo lugar, es posible que parezca que está pidiendo atención a gritos. Y en tercer lugar, podría ser visto como alguien demasiado emocional, y por falta de un mejor término, una verdadera reina del drama que quiere crear un conflicto donde no lo hay.

Si vas a hablar con alguien sobre situaciones o actos negativos, tienes que estar preparado con pruebas concretas. Si no hay evidencia concreta de por lo menos dos ocasiones en que te hicieron sentir en la forma que planteas, entonces proporciona una explicación clara de cómo llegaste a ese punto.

Utilizar el mínimo indispensable

Las conversaciones difíciles requieren moderación. Esto es, por supuesto, porque las emociones están involucradas. A veces se siente una catarsis al descargar sobre alguien tus emociones reprimidas, y creemos que ese es el momento para ventilar todo tipo de situaciones, incluso aquellas que no están particularmente relacionadas con el tema en cuestión. Sin embargo, a veces esto es... demasiado.

Sólo hay una cantidad finita de castigo que una persona puede recibir en un día, independiente si está justificado o no. Por lo tanto, cuanto más serpenteas entrando y saliendo del tema, más innecesaria e ineficiente se vuelve la conversación. Si ya has transmitido el mensaje que querías, entonces es el momento de parar. Concéntrate en lo mínimo que tienes que decir para transmitir con claridad tu punto.

Pregúntate: ¿Cuál es el propósito de lo que voy a decir? ¿Diré esto para cumplir mi propósito y objetivo, o sólo para infligir dolor a la otra persona?

Enfócate sólo en lo que tienes que decir que hará avanzar la conversación y que probablemente abrirá las puertas a una solución. Evita decir cualquier otra cosa que pueda ser mal interpretada o inconscientemente utilizada para causar daño a la otra persona.

Elegir tus batallas

Al parecer algunos de nuestros padres nunca aprendieron a elegir sus batallas. Para algunos de nosotros parece ser que nunca nos daban descanso. Cada frase que decían era algún tipo de reprimenda, o sobre algo que teníamos que mejorar. Era una constante. En otras palabras, algunos padres nunca eligieron sus batallas. Parecía ser que querían el 100% de todo, el 100% del tiempo.

Sin embargo, para el oyente esta estrategia es agotadora y la respuesta típica a esto es dejar de escuchar por completo. Si no puedes elegir tus batallas en el momento de entablar una conversación difícil, la gente te dejará de tomar en serio y dejará de escuchar lo que tienes que decir.

Es fácil reaccionar a todo lo que te disgusta, pero si haces esto serás rápidamente etiquetado como alguien polémico. A lo mejor serás percibido como alguien muy molesto, y en el peor de los casos, considerarán que es una total pérdida de tiempo hablar contigo. Ahorra tu tiempo y energía al elegir tus batallas sabiamente.

¿Es necesario esto ahora?

Las conversaciones difíciles pueden terminar en soluciones inmediatas o bien abrir la puerta para una futura solución. No pienses que tienes que juntar todos los problemas que tienes y manejarlos en el aquí y ahora. Al hacer las cosas de esa manera puedes levantar una gran cantidad de polvo y ambas partes podrían terminar reaccionando de forma exagerada.

Mira el gran esquema de las cosas y averigua qué problemas se pueden solucionar ahora y utilizarlos para sentar las bases para nuevos debates en el futuro.

¿Esto que me molesta tendrá consecuencias a largo plazo o sólo es algo de una sola vez? ¿Existe la posibilidad de que se pueda salir de control en algún momento si no hablo de esto ahora? ¿Qué diría una tercera parte objetiva sobre lo que ocurrió?

Hay que sopesar cuidadosamente estas consideraciones. La

conclusión es que no todos los problemas en los que estás pensando valen la pena de ser tratados ahora.

Tener en cuenta los costos

Recuerda que desde el momento en que comienzas una conversación difícil con alguien, se crea tensión. Esto es inevitable. Incluso aunque tengas razón, existirá un impacto. La relación podría no volver a ser la misma. Esta es una de las principales razones por las que la gente odia las confrontaciones y las conversaciones difíciles. Por lo tanto, es doblemente importante elegir tus batallas en función de su beneficio. ¿Los beneficios de esta conversación serán mayores a los costos? ¿Valdrá la pena asumir ese costo? Obviamente en algunas situaciones "dejar ir" es mucho más eficaz que mantener una conversación difícil.

CAPÍTULO 5
11 TRUCOS SUCIOS PARA PERSUADIR, MANIPULAR Y GANAR UNA DISCUSIÓN

A continuación aprenderás a usar y abusar de los trucos que los políticos, medios de comunicación, industria publicitaria, funcionarios de gobierno, amigos y enemigos utilizan para persuadir y manipular.

Los trucos que verás a continuación están basados en falacias lógicas, de las cuales puedes aprender más en mi libro "Falacias lógicas, las 59 falacias más poderosas".

Es importante conocer estos trucos sucios tanto para usarlos cuando los necesites, como para evitar ser víctima de ellos.

Truco sucio 1: Acusar a tu oponente de hacer lo mismo de lo que te está acusando (o peor)

Este es un ataque realizado por los manipuladores que tienen problemas para defenderse. Saben que esta es una buena manera de poner a sus oponentes a la defensiva.

"¿Cómo te atreves a acusarme de desordenado? ¿Y tú cuándo fue la última vez que te diste una ducha?"

Truco sucio 2: Usar la falacia lógica de la pendiente resbaladiza (que lleva al desastre)

La pendiente resbaladiza es una falacia lógica que se comete cuando una persona expresa que si alguien hace una cosa (A), eso conducirá inevitablemente a un efecto dominó de cosas negativas que al final sólo terminará en algo terrible. Imagina a un padre hablando con su hija adolescente:

"Está bien, tal vez no hay nada malo con besar, pero recuerda a dónde conducen besos y dónde lleva eso y aquello. ¡Antes de que te des cuenta serás la madre de un bebé no deseado! ¡Arruinarás tu vida para siempre!".

Truco sucio 3: Apelar a una falsa autoridad

Aunque el poder, la fama o la condición económica rara vez se correlacionan de alguna manera con el conocimiento y la visión, la gente normalmente es hipnotizada por ellos. Los demagogos saben que la mayoría de la gente es engañada fácilmente de esta manera, por lo que mencionan en sus argumentos a personas asociadas con poder o fama.

"El premio nobel de física, al igual que yo, no está de acuerdo con el aborto."

Truco sucio 4: Apelar al miedo

En el fondo, la mayoría de la gente tiene muchos miedos Tienen miedo a la muerte, enfermedades, pérdida del amor, pérdida del atractivo, pérdida de la juventud, pérdida de dinero, pérdida de la seguridad, rechazo de los demás, etc. Los manipuladores sin escrúpulos saben que la gente tiende a reaccionar primitivamente cuando cualquiera de estos temores es activado, así que se representan a sí mismos como teniendo la capacidad de proteger a las personas contra éstas amenazas (incluso cuando no pueden hacerlo).

Truco sucio 5: Apelar a la compasión (o simpatía)

Los manipuladores saben cómo presentarse a sí mismos de tal manera que la gente sienta lástima por ellos o por lo menos ganar su simpatía, especialmente cuando no quieren asumir la responsabilidad de algo que han hecho.

Considera al siguiente estudiante que cuando se enfrenta al hecho de no haber hecho su tarea, se queja y dice algo como:

"No comprendes lo difícil que es mi vida. Tengo mucho que hacer y es muy difícil para mí tener tiempo para hacer la tarea. No tengo la suerte que tienen otros estudiantes. Mis padres no pueden pagarme la universidad, por lo que tengo que trabajar 30 horas a la semana. Cuando llego a casa del trabajo, mi hermano escucha música hasta la medianoche, así que no puedo estudiar. ¿Que se supone que haga? ¡Dame un descanso!".

Truco sucio 6: Atacar a la persona y no el argumento

Cuando el oponente presenta argumentos razonables, los manipuladores ignoran esos argumentos y en su lugar encuentran una manera de atacar a la persona que hace el argumento. Esto se conoce como "ad hominen" por su traducción del latín "al hombre".

"Dices que la tierra gira alrededor del sol, pero eres un borracho y un mujeriego."

Truco sucio 7: Crear un falso dilema

Un falso dilema se produce cuando creemos que tenemos que elegir entre dos alternativas igualmente insatisfactoria, cuando realmente tenemos más de dos posibilidades disponibles. La gente a menudo está dispuesta a aceptar un falso dilema porque se sienten incómodos con la complejidad y las distinciones matizadas. Prefieren los absolutos y las opciones claras y sencillas. Por lo tanto, los expertos en manipular crean falsos dilemas presentando argumentos en blanco o negro, por ejemplo, "Estás con nosotros o contra nosotros".

Truco sucio 8: Crear un hombre de paja

Los manipuladores saben de la importancia de hacer que sus oponentes se ven mal. Cualquiera que sea la opinión del oponente, un maestro manipulador dará un giro a la posición de su oponente para hacerla parecer mucho menos creíble.

El truco de tergiversar los puntos de vista de alguien para obtener una ventaja a veces se llama crear un "hombre de paja." Un hombre paja es una representación burda de un hombre real. Lo mismo sucede con los argumentos. Un argumento de un hombre de paja es una falsa o engañosa del razonamiento de alguien. Por ejemplo:

Persona1: *"Hay que invertir más dinero en salud y educación".*

Persona 2: *"No entiendo cómo puedes odiar tanto a nuestro país como para que quieras dejarlo indefenso reduciendo el gasto militar".*

Truco sucio 9: Ignorar el punto principal

Los manipuladores saben que si no se puede ganar un punto, se debe desviar su atención y enfocarse en otro punto (un punto no relevante para la discusión original). Los expertos en esta práctica saber cómo hacer para que la gente no se dé cuenta del cambio.

Truco sucio 10: Desplazar la carga de la prueba

La carga de la prueba se refiere a cuál de las partes en una disputa tiene la responsabilidad de demostrar lo que afirma. Por ejemplo, en un tribunal, el fiscal tiene la responsabilidad de demostrar la culpabilidad más allá de toda duda razonable, y la defensa no tiene que probar la inocencia (se asume inocente hasta que se demuestre lo contrario).

Los manipuladores no quieren asumir la carga de la prueba de lo que afirman, por lo que desarrollan la habilidad para exigir la carga de la prueba a sus oponentes.

"¿Por qué crees que estamos solos en el universo y que no hay extraterrestres? ¿Qué pruebas tienes para demostrarlo?"

Truco sucio 11: Lanzar algunas estadísticas

Las personas quedan impresionadas por los números, especialmente cuando los números aparentan ser precisos. Así que cada vez que pueden, los manipuladores citan estadísticas a su favor, incluso si la fuente es cuestionable.

CONCLUSIÓN

Hemos llegado al final de libro. Espero haber podido expresar claramente que la capacidad de comunicación es una de las habilidades más importantes que una persona debe poseer para sobrevivir y prosperar en el mundo de hoy. Las buenas habilidades de comunicación son necesarias en casi todas las facetas de la vida. Necesitas ser capaz de comunicarte con tus empleados, jefes, compañeros de trabajo, clientes, amigos y familiares. Incluso salir a cenar o hacer las compras son actividades que requieren algunas habilidades de comunicación con el fin de obtener lo que deseas.

Tengo la confianza de que pondrás en práctica los principios y consejos aprendidos, podrás realizar una mejora en casi todas las áreas de tu vida. Si deseas obtener una promoción, encontrar la pareja adecuada, mejorar tu matrimonio, hacer nuevos amigos, ganar nuevos clientes para tu negocio, o simplemente ser más hábil en situaciones sociales, estas técnicas te servirán.

En muchos sentidos, aprender a lidiar con alguien es altamente beneficioso. ¿Qué pasaría si finalmente haces frente a un supervisor, a un compañero de trabajo o a tu pareja? ¿Cómo mejorará la relación al poder expresar claramente lo que quieres? Recuerda la situación del estacionamiento que vimos anteriormente. Esta ilustra perfectamente por qué es importante dominar las habilidades de conversación. Estas son situaciones que ocurren casi todos los días y la mayoría de la gente no sabe cómo responder adecuadamente. En estos casos normalmente tomamos una actitud de evasión o de agresividad pasiva.

Ya es hora de tomar el control y comenzar a obtener lo que quieres de la gente en tu vida. Te recomiendo usar las técnicas aprendidas cada vez que puedas. Practica una y otra y otra vez.

ACERCA DEL AUTOR

Steve Allen es un pseudónimo que comencé a utilizar cuando empecé a escribir sobre mi vida en mi blog personal a modo de terapia. Lo hice así porque quería mantener un velo de anonimato, y prefiero mantenerlo de esa manera. Quizás nos hayamos cruzado en la calle o incluso nos conozcamos personalmente, y eso me emociona enormemente. Siempre he escrito sobre las herramientas y técnicas que he utilizado personalmente para lograr el tipo de éxito que he deseado en mi propia vida y es lo que comparto en mis libros.

Me he dedicado por más de 12 años a la observación del comportamiento humano y he encontrado que de todas las cualidades que caracterizan a la persona de éxito, la más importante son sus patrones de pensamiento y su actitud. Prestigiosas instituciones como la Universidad de Harvard, la Fundación Carnegie y Stanford Research Institute han demostrado que solo un 15% de las razones por las cuales una persona triunfa en su vida personal y profesional tienen que ver con sus habilidades técnicas y sus conocimientos profesionales, mientras que el otro 85% tiene que ver con sus patrones de pensamiento, su nivel de motivación y su capacidad para ponerse en acción. Y eso es precisamente lo que enseño.

Algunos dirán que hablar de desarrollo personal es vender humo, y más aún usando un pseudónimo, pero permíteme asegurar que todo lo que comparto contigo me ha llevado de ser una persona solitaria viviendo en la casa de mis padres, a vivir en medio de la naturaleza, en un verdadero paraíso en la tierra, con la mujer de mis sueños, con una vida social agradable y con una situación financiera tal que no tengo que levantarme cada mañana a trabajar para otra persona. ¿Dejaré de hacer lo que me ha traído todas estas cosas y de ayudar a los miles de lectores que me siguen porque alguien que piensa que tiene un intelecto superior trata de mostrar lo equivocado que estoy al no usar mi nombre real? Yo creo que no.

Aclarado ese punto, quiero que sepas que llegaste a mis libros por un motivo, y es que el universo te quiere dar un empujón para despertarte a tu verdadero potencial, para liberarte y para entrar espectacularmente en tu vida. En mis trabajos comparto mis estrategias de pensamiento para que puedas comenzar a desarrollar desde ese preciso momento una actitud mental que te llevará al éxito, así que te invito a tomar asiento en primera fila como mi invitado de honor mientras te guío a través de este viaje de descubrimiento sobre tus pensamientos, tu actitud mental y el éxito.

Nos vemos pronto!